Missbrauchsbetroffenen in Kirche und Gemeinde
sensibel begegnen

Sr. Marie-Pasquale Reuver

Missbrauchsbetroffenen in Kirche und Gemeinde sensibel begegnen

Patmos Verlag

Wichtiger Hinweis:
Die in diesem Buch enthaltenen Informationen und Hinweise für Begleitende sowie für Betroffene wurden nach bestem Wissen der Autorin erstellt und sorgfältig geprüft. Sie ersetzen jedoch nicht den persönlich eingeholten (psycho-)therapeutischen oder medizinischen Rat. Verlag und Autorin können für Irrtümer oder etwaige Schäden, die aus der Anwendung der dargestellten Informationen und Hinweise resultieren, keine Haftung übernehmen. Deren Nutzung bzw. Durchführung erfolgt auf eigene Verantwortung der Leserinnen und Leser.

Die Verlagsgruppe Patmos ist sich ihrer Verantwortung gegenüber unserer Umwelt bewusst. Wir folgen dem Prinzip der Nachhaltigkeit und streben den Einklang von wirtschaftlicher Entwicklung, sozialer Sicherheit und Erhaltung unserer natürlichen Lebensgrundlagen an. Näheres zur Nachhaltigkeitsstrategie der Verlagsgruppe Patmos auf unserer Website www.verlagsgruppe-patmos.de/nachhaltig-gut-leben

Dieses Buch enthält viele Beispiele aus dem wahren Leben. Zum Schutz der Betroffenen wurden die Namen geändert.

Verlagsgruppe Patmos in der Schwabenverlag AG, Ostfildern
www.verlagsgruppe-patmos.de

Umschlaggestaltung: Finken & Bumiller
Umschlagabbildung:
Lektorat: Esther Middeler – middeler.com
Gestaltung, Satz und Repro: Schwabenverlag AG, Ostfildern
Druck: CPI books GmbH, Leck
Hergestellt in Deutschland
ISBN 978-3-8436-1516-7

Inhaltsverzeichnis

Vorwort

Am Thema Missbrauch und vor allem an Missbrauchsskandalen kommt man in kirchlichen Kreisen (und immer dann, wenn das Thema „irgendwie auf Kirche" kommt) nicht drumherum. Ob in den Medien, in engagierten Gemeindegruppen, im Gespräch mit Firmlingen oder auch im Trauergespräch: Schnell ist man dabei, den Kopf zu schütteln über das, was nicht sein darf. Ratlosigkeit, Wut und Ohnmacht auf die Täter[1] wie auch die Vertuscher suchen sich Raum – und das auch zu Recht. Über das geschehene Unrecht muss geredet werden, aber vor allem müssen offizielle Stellen das Unrecht anerkennen und aufarbeiten. Ich halte es für eine sehr wichtige durchlittene Errungenschaft der letzten zehn Jahre, dass es mittlerweile möglich ist, über das Thema Missbrauch zu sprechen, dass der blinde Schutz der Täter immer weniger wird und so schon ein großer Schritt Richtung Prävention weiterer Taten geschieht – wenn auch noch vieles aussteht, keine Frage!

Über Missbrauch kann man mittlerweile besser reden – aber *mit* Menschen, die Missbrauch erleben mussten? Da erlebe ich nach wie vor, dass sich schnell ein großes Schweigen und Unbehagen ausbreitet, wenn jemand sich als Betroffene[2] zu erkennen gibt. Und das aus einer Vielzahl unterschiedlicher Gründe: Das erlernte „über solche Themen spricht man nicht" sitzt eben doch tief und je konkreter es wird, desto schwieriger wird es dann. Über Missbrauch zu sprechen und den Leidensgeschichten zuzuhören ist belastend: Es macht etwas mit einem,

1 An den meisten Stellen nutze ich die männliche Form, da etwa 90 % der Täter männlich und nur 10 % weiblich sind. Dennoch sollten weibliche Täterinnen nicht vergessen werden, da gerade hier das Tabu besonders groß ist. So ist die Zahl der Nichtanzeige besonders groß und liegt bei 90 %. Neuste Studien gehen daher sogar von 20 % Täterinnen aus. So werde ich immer wieder die weibliche Form einfließen lassen – um durch die Irritation wachsam zu bleiben für die Menschen, die Opfer von Täterinnen werden.

2 Grundsätzlich werden wegen der besseren Lesbarkeit abwechselnd mal männliche, mal weibliche Formen genutzt.

wenn man sich darauf einlässt. Ein Gespräch mit einem Betroffenen verlangt also die Entscheidung, sich auf herausfordernde Gefühle und Erzählungen einzustellen und ein Stück Leidensgeschichte zu teilen.

Und dann ist da die große Unsicherheit: Wie begegne ich denn jemandem, der mir von seinem erfahrenen Leiden berichtet, auf eine gute Art und Weise? Was, wenn ich etwas Falsches sage? Wenn mein Fragen oder Reagieren dazu führt, dass die andere erneut verletzt wird oder in schwierige Erinnerungen zurückfällt, ohne dass ich das möchte? Dann lieber schweigen, als falsche Worte riskieren.

Für all die Menschen, die diese hemmende Unsicherheit überwinden möchten, ist dieses Buch gedacht. Es speist sich aus meinen eigenen Erfahrungen mit geistlichem und sexuellem Missbrauch und jahrelanger Begleitung von Menschen, die in unterschiedlichen Kontexten Gewalt erfahren haben. Besonders in den Jahren, in denen ich als Seelsorgerin in psychosomatischen Kliniken gearbeitet habe, durfte ich viele Betroffene begleiten. Ebenso ist es nun in der Hochschulgemeinde. Darüber hinaus führt die Präsenz, die ich leidvollen Themen auf Social-Media-Plattformen gebe, dazu, dass auch dort, gerade in der Anonymität, viel Begleitung geschieht.

Wenn die Missbrauchskrise positive Nebeneffekte hat, dann die Folgenden: Zum einen führen all die offengelegten Fälle dazu, dass das Tabu, über geschehenen Missbrauch zu sprechen, kleiner wird. Zum anderen ist das Thema Missbrauch viel stärker verbreitet als zuvor: Medien schreiben darüber; wer mit Schutzbefohlenen in der Kirche zu tun hat, muss Präventionskurse belegen; Personen, die von ihrer Leidensgeschichte erzählen, werden sichtbar. Daher ist auch bekannter geworden, wie hoch der Prozentsatz an Betroffenen in Deutschland ist. Missbrauch kann so nicht als großes „Ausnahmethema" an den Rand der Wahrnehmung gedrängt werden. All das gibt Betroffenen bessere Möglichkeiten, die eigene Geschichte nicht mehr verschweigen zu müssen. Und dies führt dazu, dass wir schneller auf Personen treffen, die von Übergriffen erzählen.

Die heute Zwanzig- bis Dreißigjährigen sprechen deutlich häufiger über erlittene Übergriffe als Leute zwischen fünfzig und sechzig. Die Wahrscheinlichkeit, dass Sie jemandem begegnen, der – wenn auch sehr vorsichtig – erzählt, dass er Übergriffe erlebt hat, ist nicht gering. Und auch wenn sie es nicht äußern: Pro Schulklasse erleben zwei bis drei Kinder sexualisierte Gewalt.[3] Dazu kommen dann die Personen, die später zu Opfern werden. Wenn Sie in der Kirche sitzen, im Chor, in der Kirchengemeinderatssitzung oder beim Gemeindefest hinterm Grill stehen: Es werden auch Betroffene von Missbrauch da sein. Und nicht nur Betroffene: Auch Täter werden dabei sein!

Sie haben begonnen, dieses Buch zu lesen und sich also entschieden, sich mit dem Thema auseinanderzusetzen. Trotzdem möchte ich nicht ohne eine Bitte beginnen: Achten Sie beim Lesen gut auf sich. Jeder und jede von uns hat wahrscheinlich auf die ein oder andere Art grenzverletzendes Verhalten erlebt. Vielleicht kommen beim Lesen solche Situationen noch einmal hoch. Vielleicht stoßen Sie auch auf eigene Erfahrungen, wo Sie physische, psychische oder spirituelle Gewalt erlebt haben und es bisher jedoch noch nicht so eingestuft hatten. Wenn Ihnen Schilderungen nicht guttun – dann hören Sie auf zu lesen! Sie müssen da nicht durch! Am besten Sie gehen dann hinaus, in die Natur, bewegen sich und spüren Ihren Körper im Hier und Jetzt. Am Ende des Buches finden Sie Hilfsangebote und Tipps für einen ersten Umgang, wenn eigene Erfahrungen hochgekommen sein sollten.

Dieses Buch ist kein Fachbuch – es dient nicht dazu, nachher mit professionellem Anspruch Gespräche mit Betroffenen führen zu können. Vielmehr ist es für jene gedacht, die bewusster mit Menschen mit Missbrauchserfahrungen umgehen möchte, vor allem im kirchlichen Kontext. Wie können wir in unseren Gemeinden und Einrichtungen sensibler mit Betroffenen umgehen? Was bringt mehr Sicherheit im Umgang mit diesem herausfordernden Thema? Was kann helfen, nicht in Sprachlosigkeit zu verfallen? Welche Rede von Gott birgt Heilungschancen?

Im Fokus dieses Buches stehen Betroffene von sexualisierter Gewalt. Der größte Teil der Hinweise gilt aber auch für den Umgang mit Betroffenen anderer traumatischer Erinnerungen, wie zum Beispiel (häusliche) Gewalt, schwere Krankheits- oder Todeserfahrungen.

Falls Sie als Betroffene oder Betroffener dieses Buch lesen: Vielleicht finden Sie sich in einigen Beschreibungen nicht wieder, denn

3 https://beauftragte-missbrauch.de/fileadmin/Content/pdf/Zahlen_und_Fakten/Fact_Sheet_Zahlen_und_Fakten_zu_sexuellem_Kindesmissbrauch_UBSKM.pdf S. 3, Datum des letzten Abrufs: 30.11.2023

jeder und jede geht unterschiedlich mit dem Erlebten um. Dann sei Ihnen gesagt: Sollten Sie aus den Beschreibungen „herausfallen“, liegt es nicht an Ihnen, sondern daran, dass in dem Umfang dieses Buches nicht alles dargestellt werden kann.

1. Zu Beginn: Wenn doch Kirche immer dieser gute Raum wäre …

Von drei indischen Studentinnen bin ich zum Essen in ihre WG eingeladen. Es duftet wunderbar nach Tofu-Curry. Der Tisch ist voll unterschiedlicher Köstlichkeiten. Beim Essen erzählen wir uns von Lieblingsspeisen, bevorzugten Restaurants, unterschiedlichen Schärfegraden und dem, was unser Geschmack so gar nicht verträgt. „Wie genial wäre es, wenn man mehr Zeit hätte, Unterschiedliches zu probieren und bewusster zu kochen", sagt eine der Studierenden.
„Oh ja", seufze ich zurück. „Was könnte man alles Geniales mit mehr Zeit machen!"

„Apropos Zeit – wie kommst du mit deiner Promotion weiter?"

„Schlechte Frage …!"

Eine der Frauen sehe ich das erste Mal und sie weiß nicht, worüber ich promoviere. So erzähle ich, dass ich mich mit der Frage nach „Glaube bei Missbrauchserfahrungen" beschäftige. „So wichtig!", sagt sie. „In Indien reden wir nie drüber. Aber es hat mich ja verändert. Und ich weiß gar nicht, wer ich wäre, wenn mir das nicht passiert wäre." Plötzlich sind wir in einem Gespräch, in dem jede erzählt, wie der erlebte Missbrauch sie beeinflusst.

„Ich fühle mich einfach nicht wohl, mit einem Mann allein im Raum."

„Wenn etwas schiefläuft, dann gebe ich immer mir die Schuld. Ich bin dann die, die was falsch gemacht hat, auch wenn ich eigentlich keine Verantwortung habe."

„Wenn ich auf neue Leute treffe, dann denke ich immer, die müssen mich komisch finden und mich ablehnen. Ich muss mich richtig dazu zwingen. Das war mit ein Grund, im Ausland zu studieren. Mich zwingen zu erleben, dass das geht." Lächelnd erzählt die Studentin weiter: „Ich habe ja während Corona angefangen. Da konnte ich niemanden in der Uni kennenlernen, alles online. Und ich habe mich immer schlechter gefühlt. Dann bin ich in eine Facebook-Gruppe von indischen Studierenden gegangen, habe gefragt, wer Lust hat, einmal zusammen zu kochen. Und ganz viele haben sich gemeldet. Man durfte ja nur zu fünft. Aber ich habe mich dann ganz oft mit vier anderen getroffen. Und das hat so gutgetan. Zu erleben, dass man gerne mit mir zusammen ist. Auch wenn nicht jede Gruppe super war. Aber es war so gut, dass ich mich überwunden habe. Das hat sich so ein bisschen normal angefühlt."

Eine andere erzählt von einer Erkrankung und dass sie sofort die Schuld bei sich selbst gesucht hat: „Was stimmt denn nicht mit mir? Habe ich es nicht verdient, dass es mir mal gut geht?"

Ich erzähle, dass ich diese Gedanken gut kenne und dass ich solche Gedanken auch schlecht ausradiert bekomme: „Was mir dann am meisten hilft, ist richtig schnell spazieren gehen, meinen Körper spüren." Eine andere hakt ein: „Ihr dürft jetzt nicht lachen, aber ich mache dann laute Musik auf meine Kopfhörer und tanze in meinem Zimmer, bis ich erschöpft irgendwann aufs Bett falle. Dann geht es wieder."

„Ja, und es ist so wichtig, sich genau dann, wann man sich dreckig fühlt, was Gutes zu tun. Ich koche dann was Besonderes und decke den Tisch total schön, wie für einen Gast."

Noch eine ganze Weile tauschen wir Hinweise aus, wie wir einen guten Umgang mit unseren Erfahrungen gefunden haben. „Und wisst ihr, was ich aber das Schwierigste finde?", schaut eine uns nachdenklich an. „Mir selbst zu verzeihen, mir zu verzeihen, dass mir das passiert ist. Mir endlich nicht mehr die Schuld zu geben. Mich nicht mehr anzuschauen wie eine, die das ja wohl verdient hat, sondern wie eine, die etwas Schlimmes überlebt hat. Und die trotzdem wertvoll ist." Einen Moment sagt keine mehr etwas. Alle nicken leise zustimmend, kurz in den eigenen Gedanken und Gefühlen versunken.

Dann holt eine den Nachtisch und wir gehen wieder zu anderen Themen über, lachen viel, teilen die Komik des Alltags. Keine scheint sich zu schämen für die Vertrautheit, die zwischen uns entstanden ist. Wir alle sind ein paar Zentimeter in unserer Würde gewachsen, im gemeinsamen Hören und Teilen, in dem, dass wir uns unsere Geschichten „zwischendrin" anvertrauen konnten, zwischen Drachenfruchtsaft und Papadams, ohne eine große Einleitung oder übervorsichtiges Herantasten, ohne eine zu große Betroffenheit, die die eigenen Worte verstummen lässt usw. Dieser Teil von uns durfte da sein, genauso wie der Teil, der gern in Restaurants geht oder für den ein bequemes Sofa mit einer guten Netflix-Serie zum Entspannen unerlässlich ist. Wir durften da sein, mit den inneren Dämonen, die uns beschäftigen, waren aber nicht nur „die Missbrauchte". Und wir haben uns gutgetan, im Spüren: Es geht nicht nur mir so. Ich kämpfe nicht allein. Ich bin nicht schuld an dem, was mir geschehen ist.

Wenn doch nur Kirche öfter so ein Raum wäre, wo ich mit meiner Geschichte da sein darf, wo ich das Gefühl habe, auch Schattenseiten teilen zu dürfen, ohne damit die anderen zu überfordern. Wo ich erleben darf, dass ein Interesse aneinander da ist, mit allem, was dazu gehört. In *Gaudium et Spes*, der Pastoralkonstitution des Zweiten Vatikanischen Konzils, heißt es so passend ausgedrückt: „Freude und Hoffnung, Trauer und Angst der Menschen von heute, besonders der Armen und Bedrängten aller Art, sind auch Freude und Hoffnung, Trauer und Angst der Jünger Christi. Und es gibt nichts wahrhaft Menschliches, das nicht in ihren Herzen seinen Widerhall fände."[4] Wir brauchen die Resonanz des anderen. Wir brauchen Begegnungen, in denen alles da sein darf, was mich ausmacht. Wir brauchen einander: Gemeinsam ist man nun einmal weniger allein. Und Gott zeigt sich für mich genau da: Wenn ein Raum entsteht, wo ich ohne Maske würdevoll angeschaut werde und andere ebenso anschaue.

Apropos Gott: „Wie das geht, dass Gott mich liebt, mir aber so viel Gewalt angetan wurde. Das verstehe ich nicht. Aber ich will mir von den Tätern nicht auch noch Gottes Liebe für mich nehmen lassen. Das nicht auch noch!", sagt eine der Studentinnen.

„Ja, gar nicht so einfach, daran festzuhalten, geliebt zu sein, aber so wichtig", antworte ich nachdenklich.

Und eine andere: „Ja, wir sind geliebt – und lasst uns alles dafür tun, das nie zu vergessen!" Wir stoßen an, lächeln uns zu.

Was war es, das diese Begegnung für uns so besonders gemacht hat? Zunächst einmal: Es war kein „Outing" nötig. Das Thema stand, mit der Nachfrage nach der Promotion, im Raum und jede konnte etwas dazulegen, so, wie es für sie passte, ohne Erwartung und Druck. Beiläufig konnte ein sanfter Einstieg geschehen, ohne dass das eigene

4 Gaudium et Spes 1, https://www.vatican.va/archive/hist_councils/ii_vatican_council/documents/vat-ii_const_19651207_gaudium-et-spes_ge.html, Datum des letzten Abrufs: 12.12.23

Erzählen „groß" werden musste. Ein vorsichtiges Herantasten, was ich wie teilen möchte, war möglich.

Das zweite, was es leicht gemacht hat: Auch wenn es kein Tabu war: Die Tat musste nicht erzählt werden – und keine tat es. Wir blieben bei dem, dass uns sexualisierte Gewalt widerfahren ist, und dem, was es mit uns gemacht hat. Die konkreten Taten wurden nicht erzählt und damit wurden weder die eigenen Erfahrungen angetriggert[5], noch geschahen schamsteigernde Gedanken wie „Glaubt man mir wohl? Schätzt die andere es anders ein?", noch kamen auf diese Weise Gefühle auf wie Schuld, weil ich den Täter entlarve etc.

Ein weiterer Faktor, der das Gespräch besonders machte, war, dass wir merkten: Wir haben uns nicht getroffen, weil wir missbraucht wurden und uns darüber austauschen wollten. Aber wir teilen diese Erfahrung alle. Dann scheint es nicht so selten zu sein, dann bin ich nicht die Einzige. Das linderte die Scham: Wir alle teilen denselben Abgrund, aber nicht dieser Abgrund hat uns zusammengebracht, sondern die Hoffnung, einen gemütlichen Abend mit leckerem Essen zu verbringen.

Dieser Abend zeigte mir neu, wie wichtig es ist, dass Betroffene von sexualisierter Gewalt Räume zur Verfügung haben, in denen sie auf andere Betroffene treffen. Räume, in denen das Gefühl, „falsch" oder „anders" zu sein, eine untergeordnete Rolle spielt, weil ich auf andere Menschen treffe, die ähnliche Erfahrungen teilen. Eine häufige Folge von Missbrauch sind Schwierigkeiten im Eingehen von Beziehungen: Neu zu vertrauen kostet Kraft und es braucht Zeit zu spüren, ob der andere gut mit einem umgeht. Viele reagieren mit Rückzug oder einer so großen Angst, dass das Beziehungsleben arm bleibt.

Gleichzeitig sind gelingende Beziehungen jedoch wohl das Heilsamste, was geschehen kann. Die missbräuchlichen Erfahrungen können nicht einfach ausradiert werden, aber es können neue Erfahrungen gemacht werden, die helfen können, dem Missbrauch eine nicht so große Macht zu geben. Ein Austausch mit anderen Betroffenen kann ein wohltuender Schritt sein, den Schuld- und Schamgefühlen heilsam zu begegnen. Oft ein Schritt, der es leichter macht, die eigenen Gefühle in anderen Kontakten nicht zu verschweigen, sondern,

5 Ein Trigger ist ein Auslöser für traumatische Erinnerungen.

wenn nötig und hilfreich, äußern zu können. Ein erster Schritt, der es leichter macht, auch Nichtbetroffenen gegenüber den eigenen Hintergrund zu erwähnen, wenn ich es möchte.

2. Einblick in die Innenwelt traumatisierter Menschen

Traumata hinterlassen Gefühle und Reaktionen, die Menschen ohne traumatische Erfahrungen sich oft nicht vorstellen können. Wie oft habe ich, wenn ich erzählt habe, wie es mir geht, Sätze gehört wie: „Wahnsinn, wie man so denken kann!“, „Was du dir für Gedanken machst!“, „Das ist ja richtig verdreht!“, „Das ist mir wirklich fremd, so sich die Schuld zu geben …“ Daher möchte ich an den Anfang einen Einblick in die Innenwelt traumatisierter Menschen stellen.

„Den“ Missbrauch gibt es nicht

Missbrauch zeigt sich in unterschiedlichen Facetten. Und schon das Wort „Missbrauch“ an sich birgt Schwierigkeiten: Wenn ich von sexuellem Miss-brauch spreche, kann verstanden werden, dass es auch einen rechten Ge-brauch von Sexualität gäbe. Dies ist jedoch bei Kindern nie der Fall. Daher wird in der Fachsprache oftmals der Begriff „sexualisierte Gewalt“ bevorzugt. Gleichzeitig zeigt der Begriff „Missbrauch“ an, dass in der Regel auch ein Missbrauch an Vertrauen dem Schutzbefohlenen gegenüber vorliegt – und dass sexueller Missbrauch auch ohne Berührungen oder Gewalt stattfinden kann, zum Beispiel durch das gemeinsame Anschauen pornografischer Inhalte mit einem Kind.

Der Begriff des sexuellen Missbrauchs oder der sexualisierten Gewalt umfasst ein weites Spektrum: beginnend mit sexualisierenden Bemerkungen, über das Zeigen von Bildern, dem Entblößen der eigenen Genitalien, über flüchtige Berührungen an intimen Körperstellen bis hin zur Penetration. All diese genannten Formen sind, gerade für Kinder, extrem schädigend. Doch macht es in der Verarbeitung in der Regel einen großen Unterschied, ob es zum Beispiel der einmalige unerwünschte Kuss des Großonkels auf die Wange war oder der stete Missbrauch durch den Vater. In der Regel gilt: Je vertrauter der Kontakt zum Täter oder zur Täterin ist und je mehr das Opfer ihm gegenüber ausgeliefert ist, um so verheerender sind die Folgen. Ein unbekannter Täter ist also statistisch weniger folgenschwer als ein bekannter Täter; einer, dem ich sehr vertraut habe, am verheerendsten.

Gleichzeitig kann eine einzige Person, der ein betroffener Erwachsener oder ein Kind vertrauen kann, den entscheidenden Unterschied machen, damit der Missbrauch keine traumatischen Folgen hat. Denn nicht jedes Erleben sexualisierter Gewalt weist traumatische Folgen auf. Hat die betroffene Person ein stabiles Umfeld, kann sie darüber sprechen und wird ihr geglaubt, dann ist die Prognose recht gut, später keine starken Beeinträchtigungen zu erleben.

Ein einmaliger Vorfall hat meist andere Konsequenzen, als mit der häufigen Wiederholung oder ständigen Bedrohung gelebt zu haben. Und: Je intimer der eigene Körper in die Handlungen involviert ist, umso tiefer gehen auch die seelischen Wunden und die körperlichen Erinnerungen. Im Falle von Vergewaltigungen, also Penetration, sind die Zahlen von Personen, die später eine posttraumatische Belastungsstörung ausbilden, beispielsweise enorm hoch.

Geschieht der Missbrauch in der Kirche, dann geschieht er in einem besonderen Intimraum: Er fällt hinein in die Beziehung zwischen Gott und dem Betroffenen, nicht nur in die Beziehung zwischen Täter und Opfer. Im „Raum Gottes", da, wo ich mich sicher und geborgen fühlen sollte, wird mir Leid zugefügt, von jemandem, an dem die Gegenwart Gottes ablesbar sein soll. Nicht nur der Körper, sondern auch die Gottesbeziehung, wird hier missbraucht.

Aber die Aufzählung der unterschiedlichen Faktoren zeigt schon die Schwierigkeiten auf: Was ist dann mit dem Mädchen, das von dem Lehrer im Sportunterricht ständig auf ihre Oberweite angesprochen wird? Ist das „nur" ein völlig inadäquates, sexistisches Verhalten oder kann auch das traumatische Auswirkungen haben? Ja, kann es, wenn sie auch von Gleichaltrigen entsprechende Sprüche bekommt, die Beziehungen in ihrem Elternhaus unsicher sind, der Lehrer für sie eine wichtige Rolle spielt usw. Welche Folgen Missbrauch hat, hängt also von vielen unterschiedlichen Faktoren ab.

Dieser kleine Aufriss zeigt schon: zu bewerten ist schwierig und sollte am besten konsequent unterlassen werden. Die Bewertung obliegt Gerichten. Hier wird über die strafrechtliche Relevanz entschieden. Und das feststehende Unrecht kann Betroffenen helfen: Es wird Recht gesprochen. Doch leider gehen Verfahren auch oft schief oder sind nicht mehr möglich, weil der Täter schon verstorben ist.

Neben der strafrechtlichen Komponente gibt es auch die moralische Komponente: Anzügliche Bemerkungen einer erwachsenen Frau gegenüber sind vielleicht strafrechtlich noch nicht relevant, generell jedoch moralisch verwerflich und im Raum der Kirche umso mehr. Die Kirche ist vor allem deshalb in ihrem Versagen so präsent in den Medien, weil gerade dort ein wertschätzender und achtender Umgang gelebt werden sollte. Viele Menschen treten aus der Kirche aus, weil sie als nicht mehr glaubwürdig erlebt wird. Im kirchlichen Raum gilt ein anderer moralischer Standard wie in einer Diskothek, mitten in der Nacht, nachdem alle betrunken sind. Nicht, dass dort übergriffiges Verhalten irgendeiner Art in Ordnung wäre und nicht, dass es dafür Entschuldigungen gäbe. Aber Missbrauch in Kirche verletzt noch einmal mehr die selbst gesetzten Gesetze: Der Priester, der versprochen hat, ehelos zu leben, begeht eine andere Verletzung der moralischen Grundsätze als ein Achtzehnjähriger, der sich und seine Sexualität entdeckt. (Noch einmal, keine Entschuldigung auch für das zweite, doch es wirkt auf einen Betroffenen anders, wenn Missbrauch in einem Schutzraum stattfindet, ähnlich wie durch Ärztinnen, Lehrer oder Therapeuten etc.)

Das Wichtigste im Umgang mit Betroffenen ist nicht das Fokussieren auf die Tat. Es braucht den Raum, in dem die Tat Gehör findet. Doch wichtiger, gerade im nichtprofessionellen Kontext, ist es, sensibel mit den Verletzungen umzugehen. Denn Missbrauchsbetroffene sind nicht nur Missbrauchsbetroffene: Es sind zunächst einmal Anna, Hannelore, Mia, Rita, Johann, Paul … Mit je unterschiedlichen Hobbies, Fähigkeiten und Geschichten. Der Missbrauch ist nur ein Fragment, ein Puzzlestück. Manchmal ein sehr zentrales. Aber gerade dann ist es umso wichtiger, sich in seinem eigenen Verhalten nicht auf dieses eine Puzzlestück zu konzentrieren, sondern durch das Wahrnehmen der vielen anderen Puzzlestücke den Betroffenen zu helfen, auch wieder andere Seiten in den Blick zu bekommen.

Also – am besten nicht herumfantasieren, was dem anderen jetzt helfen könnte oder welcher Umgang am besten ist. Sie müssen auch nicht wissen, welche Bezeichnungen die „richtigen“ sind. Fragen Sie am besten einfach nach. Sie tragen nicht allein die Verantwortung für ein Gelingen des Kontaktes.

Und vielleicht ist hier der Zeitpunkt erreicht, um vom „Sie" ins „Du" zu wechseln, lieber Leser, liebe Leserin. Denn sich einlassen auf Betroffene bedeutet, in Beziehung zu gehen und wach hinzuhören, was dem anderen nun hilft. Das schenkt Würde zurück und die Erfahrung, gehört zu werden. Also: Danke, dass du dich darauf einlässt!

Wenn du dir sicher bist, dass das, was jemand beschreibt, unter Missbrauch fällt, dann kann es guttun, das genauso zu sagen. Es kann dem anderen helfen, das Unrecht zu erkennen und sich Hilfe und vor allem Wege heraus aus dem Missbrauch zu suchen. Was du dir aber bewusst machen solltest: Diese Worte wirken. Wenn jemand das, was geschieht, noch nie als Missbrauch bezeichnet gehört hat, werden unterschiedlichste Gefühle freigelegt: Ratlosigkeit, Schuldgefühle, Scham. „Liege ich vielleicht doch falsch? Wird es mir je wieder gut gehen, wenn es so schlimm ist? Warum passiert mir das? Was ist falsch an mir? Wie gehe ich um mit diesen ausgesprochenen Worten? Was folgt jetzt? ..." Meistens ist eine langsame Annäherung das Beste: „Was du beschreibst, klingt richtig schlimm für mich." – „Das hätte er nicht tun dürfen ohne deinen Willen." – „Für mich hat er da eindeutige Grenzen überschritten."

Solche Sätze können helfen, das erfahrene Unrecht auch als Unrecht zu empfinden. Und das hilft ungemein, um mit dem Aussprechen der Realität umgehen zu können. Derlei Gespräche sind sensibel und du musst dir das nicht zutrauen – vielleicht gibt es eure Beziehung auch nicht her. Und: Ein langsames Herantasten ist völlig in Ordnung. Wichtig ist vor allem eins: Nicht einfach schweigen, lieber die eigenen Grenzen benennen und jemandem helfen, die passende Person zu finden, die zuhören kann.

Somit: Natürlich gibt es nicht „den traumatisierten Menschen". Es macht wie bereits erwähnt einen Unterschied, in welchem Alter jemand Gewalt erlebt habe und wie nah der Täter oder die Täterin der Person stand. Doch die Fragen nach eigener Schuld, die Scham, zum Opfer geworden zu sein, verbinden aus meiner Erfahrung viele Menschen, die die unterschiedlichen Formen von Gewalt erlebt haben – ebenso wie Folgen in Bezug auf das eigene Körperbild, den Umgang mit der (nicht vorhandenen) Wut auf die Täterperson, und vor allem eine missbrauchte Würde.

Die verdeckte Würde

Die verheerendste Folge von Gewalterfahrungen sind nicht die körperlichen Verletzungen, sondern die Verletzungen, die die eigene Würde erleidet. Jeder Mensch hat Würde, vom ersten Moment der Zeugung an. Diese Würde, die uns von Gott geschenkt ist, die jedem Lebewesen innewohnt, kann keine Tat nehmen. Im Grundgesetz heißt es sogar: „Die Würde des Menschen ist unantastbar." Doch für Betroffene von Gewalterfahrungen fühlt es sich oft nicht so an. Sie haben erlebt, dass ihre Würde nicht nur angetastet wurde, sondern ignoriert und missachtet. Und diese Missachtung der Würde durch die Täterperson führt nicht selten dazu, dass es als unwahrscheinlich schwer erlebt wird, selbst die eigene Würde zu achten.

Mich begleitet schon lange ein Gleichnisbild von der Heiligkeit oder Würde des Menschen: Für mich ist die Würde wie ein goldener Kern in uns. Sie strahlt die Schönheit menschlichen Lebens aus. Doch im Laufe der Jahre sammelt sich immer mehr Dreck drumherum. Manchmal ist der Kern nicht einmal mehr zu sehen. Aber in der Regel weiß und fühle ich diesen Kern dennoch. Und es reicht eine „Tiefenbohrung" an der ein oder anderen Stelle, um wieder etwas von dem Gold zu sehen und mich davon ausfüllen zu lassen. Ich bin mir nicht immer dieses goldenen Kernes bewusst, aber er wärmt und strahlt dennoch durch die Dunkelheiten hindurch.

Betroffene von Gewalterfahrungen haben oft keinen Kontakt mehr zu diesem goldenen Kern. Sie glauben nicht, dass der Kern nur verborgen ist, doch da und im Letzten unantastbar. Für sie ist da: nichts. Nur Dunkelheit. Das Gefühl, keine Würde zu haben. Was für alle anderen gilt, das gilt für einen selbst nicht. So würdevoll oft der andere behandelt wird – man selbst scheint diesen würdevollen Blick auf sich nicht verdient zu haben. Man selbst ist es nicht wert, wertvoll behandelt zu werden.

Und diese Lüge, keine wertvolle und schützenswerte Würde zu besitzen, gehört immer und immer wieder entlarvt. Nicht nur mit Worten, sondern mit Taten. Oftmals gelingt es Betroffenen kaum, diese ihnen zugesprochene Würde anzunehmen. Das beginnt schon in Alltagskleinigkeiten: „Entscheide du doch, wohin wir essen gehen – heute bist du mal dran!“, „Was würde dir denn jetzt guttun?“, „Hast du wirklich Lust auf den Kinofilm oder gefällt dir ein anderer besser?“

Doch, deine Meinung ist wichtig! Genau das haben Betroffene oft nicht erlebt. Manchmal fällt es daher im Kontakt schwer, immer wieder zu ermutigen, eigene Entscheidungen zu treffen: „Sie hat ja eh keine Meinung, dann frag ich sie nicht mehr …“ Das ist auch verständlich. Es ist in der Kommunikation nicht leicht, auf Menschen zu treffen, denen es schwerfällt, die eigene Rolle einzunehmen und Anwältin der eigenen Würde und der eigenen Grenzen zu sein. Doch wenn man sich vorstellt: Wie oft und wie existenziell muss dem anderen die Würde, eigene Entscheidungen treffen zu dürfen, abgesprochen worden sein, dass es der Person so schwerfällt, sich zu äußern oder überhaupt Präferenzen zu spüren? Mit diesem Bewusstsein gelingt es vielleicht das nächste Mal besser, dennoch geduldig zu fragen, wissend, dass es möglicherweise keine zielführende Antwort gibt. Denn: Die Frage macht einen wichtigen Unterschied und tut gut, auch dann, wenn es noch keine Antwort gibt. Jeder würdevolle Umgang bringt ein bisschen Gefühl für die eigene Würde zurück.

Manchmal dauert das sehr lange. Ich erinnere mich an eine Frau, nennen wir sie Anna, die ich über drei Jahre hinweg immer wieder begleitete, in Exerzitien und Gesprächen. Immer wieder sprachen wir darüber, dass Gott ihr eine Würde geschenkt hat, die sie wichtig und bedeutsam macht. Unzählige Male fragte ich sie, wenn sie davon erzählte, was sie alles für andere tat: „Und, macht Ihnen das auch Freude? Was haben Sie davon?“

Die Antwort lautete meistens: „Einer muss es ja tun. Das ist schon in Ordnung.“

„Wenn Sie, ganz frei, über Ihre Woche bestimmen könnten, wie sähe sie aus?“

„Ach, das passt schon.“

Ganz selten blitzte etwas durch, was ihr wichtig war oder wo sie sich gegen Ungerechtigkeiten zur Wehr gesetzt hatte oder für sich sorgte. Überstunden? „Geht schon.“ Der Tochter den Umzug schmeißen? „Das macht eine gute Mutter.“ Bei den eigenen Urlaubszielen zurückstecken und den Plänen des Mannes zustimmen? „Er hat das nötiger als ich." Unfaires Verhalten einer Kollegin? „Sie hat es doch nicht leicht, mit den drei Kindern." Doch eben jene Kollegin war es, die eines Tages dann doch das Fass zum Überlaufen brachte. Sie hatte sich daran gewöhnt, dass man Anna wunderbar ausnutzen konnte. In mühsamen Überstunden hatte Anna ein neues Konzept erarbeitet. Die Kollegin war kaum beteiligt. Dem Chef gegenüber stellte sie es jedoch vor, als seien die wichtigsten Dinge von ihr. Anna und ihre Arbeit ließ sie gekonnt im Hintergrund verblassen. In dem Meeting blieb Anna still und zeigte nicht, dass über 80 % ihr Verdienst waren. Der Chef lobte die Kollegin überschwänglich. „Ach, ja, Anna, Ihnen auch danke" war alles, was für sie blieb.

Im Gespräch erzählte sie mir davon und fragte mich ganz vorsichtig: „Ist das nicht ungerecht? Das hat sich so ungerecht angefühlt! Oder?" Die Geschichte ging gut aus: Sie ging zu ihrem Chef und erzählte von ihrem Anteil an der Arbeit. Er glaubte ihr, weil ihr Wissen einfach deutlich machte, dass die Ideen auf sie zurückgingen. In Zukunft bekam sie verantwortungsvollere Aufgaben. Und wenn dann Situationen kamen, in denen sie sich nicht traute, sich zur Wehr zu setzen, dann dachte sie an das gute Gespräch mit ihrem Chef und Zentimeter um Zentimeter erkämpfte sie sich ihre Würde zurück.

Manchmal dauert es sogar bis ins hohe Alter, bis die eigene Würde wieder aufglimmt. Eine Frau in den Achtzigern hatte ihren Mann zu beerdigen. Ich kam zum Trauergespräch zu ihr und wunderte mich schon sehr über die Kälte, die sie ausstrahlte. Ich interpretierte diese Kälte falsch als einen Schutzmantel, um keine Trauer zeigen zu müssen und versuchte mit Verständnis das Eis zu brechen: „Es ist bestimmt nicht leicht, nach so vielen Jahren nun ohne Ihren Mann zu sein. Da ist man vielleicht erst einmal wie starr vor Trauer, bei einer so langen gemeinsamen Zeit."

Bei meinen Worten zuckte es in ihrem Gesicht und leise sagte sie: „Ich bin nicht traurig. Endlich ist es vorbei." Und dann lauter: „Ja, endlich ist es vorbei!"

„Es war eine schwierige Zeit, Ihre Ehe?"

Daraufhin erzählte sie von der Hölle der letzten sechzig Jahre. Ziemlich bald nach der Hochzeit entpuppte sich ihr Mann als jemand, der in Stresssituationen seine Wut an ihr ausließ: „Mal beleidigte und demütigte er mich, immer häufiger schlug er auch zu. Wenn er Lust auf mich hatte, dann nahm er sich, was er wollte. Die ganze Ehe lang hielt er mich klein und ich kuschte. Tat alles, damit es zu keiner Gewalt kam. Meine schönsten Stunden waren die, wenn er zur Arbeit weg war. Mit seinem Ruhestand waren es noch einmal über zwanzig Jahre eng aufeinander. Ich suchte meine Zuflucht im Garten. Als ich ihn tot im Sessel fand, fühlte ich erst einmal nichts. Sollte das jetzt endlich vorbei sein?“ So erzählte sie mir von dem Martyrium sexualisierter Gewalt, das sie jahrzehntelang erlebt hatte.

In den Tagen darauf kamen die Erleichterung und ein absoluter Widerstand gegen eine große Beerdigung. Wut darauf, nun die trauernde Witwe spielen zu müssen. „Er hatte immer gesagt, er wolle ein großes Fest. Alle sollten sich an ihn erinnern.“ Sie wollte nicht mehr, endlich nicht mehr tun, was er wollte. Und schon gar nicht wollte sie weiter eine Maske tragen und eine heile Welt vorspielen, die es so nie gegeben hatte. Ja, und erst recht nicht Trauer zeigen, so tun, als würde sie ihn vermissen. Wobei sie doch jetzt aufleben kann, keine Angst mehr haben muss. Endlich keine Angst mehr. „Aber er wollte doch eine große Feier. Was soll ich denn machen?“, fragte sie mich ratlos. Lange redeten wir, sie wägte ab und entschloss sich am Ende zu einer Feier nur mit ihrer Schwester. Anderen sagt sie, eine größere Feier könne sie jetzt einfach nicht verkraften, das übersteige ihre Kräfte.

Diese Beerdigung war sicherlich eine meiner schwersten Beerdigungen. Wie dem Verstorbenen die „letzte Ehre erweisen“, der so unehrenvoll mit seiner Frau umgegangen war? Letztlich war es eine ehrliche Beerdigung, die vor allem einen Zweck erfüllen sollte: Der Ehefrau die Gelegenheit zu geben, einen Schlussstrich zu ziehen. Wie es der Frau weiter ergangen ist, weiß ich nicht. Zweimal sahen wir uns noch, dann verloren wir uns aus den Augen. Ja, manchmal dauert es mit der zurückeroberten Würde, bis der Täter gestorben ist. Und manchmal hilft auch der Tod nicht.

Ein Gefühl zu haben für die Würde, die uns Menschen geschenkt ist, das ist für mich ein Geschenk Gottes. Wir können sie uns nicht selbst geben. Wir können aber einander helfen, sie zu spüren. Jeder würdeschenkende Satz ist gut und kann helfen, einen Zugang zum eigenen Wert zu finden. Aber noch so viele Sätze sind keine Garantie. Würde zugesprochen zu bekommen, ist gut und immens wichtig.

Doch es ist nur wenig im Vergleich dazu, diese Würde auch innerlich zu spüren. Dieses Gefühl liegt außerhalb unserer Macht. Manche Menschen haben Schlimmstes erlebt, verlieren aber dennoch das Gefühl für die eigene Würde nicht. Andere haben ebenfalls Schreckliches erlebt, treffen später aber auf Menschen, die sie unwahrscheinlich gut behandeln. Und dennoch scheint bei ihnen der Zugang zur Würde wie verbarrikadiert hinter unendlich dicken Betonmauern.

Was wir tun können: Uns selbst und dem anderen immer wieder in der Gewissheit der eigenen Würde begegnen und darauf vertrauen, dass eines Tages der Auferstehungsmoment kommen wird und die Würde wieder aufblüht. Und vor allem ganz praktisch für Gerechtigkeit sorgen, Ungerechtigkeit klarstellen und so dazu beitragen, dass Würde wiederhergestellt wird.

Einkapseln in Erstarrung und Sprachlosigkeit

Traumatische Erfahrungen überfordern Betroffene auf tiefster Ebene[6]. Normale Reaktionen auf bedrohliche Situationen sind Flucht oder Kampf. Traumatische Ereignisse jedoch blockieren schon vorher unser Reaktionssystem. Statt zu fliehen oder zu kämpfen, erstarrt man. Im Kleinen kennen das sicherlich die meisten: In einem Schockmoment erstarre ich erst einmal, bis ich mich für Flucht oder Kampf entscheide.

Als ich einmal mit meinem kleinen Zwerghamster in den Händen stolperte, schmiss ich ihn unabsichtlich mit voller Kraft gegen das Fenster. Im ersten Moment erstarrte ich und schaute kurz fassungslos, wie er am Boden lag, bis ich nach ihm griff, ihn vorsichtig auf die Hand nahm und überprüfte, wie er reagierte. Auch er war starr, bis er sich vom Schreck erholt hatte. Oder als ich bei meinem ersten Frankreichaustausch vor der unten versammelten Familie auf der Treppe ausrutschte und die dreißig Stufen herunterpolterte. Während alle bestürzt fragten: „Ist dir was passiert?“, saß ich zunächst vor lauter Überraschung und peinlich berührt ein paar Sekunden steif mit offenem

6 Mehr dazu auch in Kapitel 3 „Die Eigenart traumatischer Erfahrungen“

Mund auf der untersten Stufe, bis ich dann sagen konnte, dass alles in Ordnung war.

Kurze Schockstarren sind normal. Bei traumatischen Situationen bleiben die betroffenen Personen jedoch in der Starre stecken. Die Erfahrung wird also nicht weiterverarbeitet; sie wird unerledigt von der nächsten Situation, die sich ereignet, abgelöst. Der Moment mit dem Hamster hat mich nicht weiter verfolgt. Am nächsten Tag, als ich sah, dass er sich normal verhielt, war alles wieder gut und schnell vergessen. Der Sturz von der Treppe ist ins innere Gruselkabinett der peinlichen Momente eingezogen. Mehr aber auch nicht. Das Gefühl der akuten Panik ist gelöscht und das Vorkommen zwar erinnert, aber in sich abgeschlossen.

Traumatische Momente finden so einen Abschluss nicht, auch dann nicht, wenn sie vorbei sind. Die innere und oft auch äußere Regungslosigkeit verhindert, dass ich die Situation später als erledigt abhaken kann. Und so nisten traumatische Situationen sich im Körpergedächtnis[7] ein: geschieht etwas Ähnliches, wird die alte Regungslosigkeit reaktiviert.

Ein eigenes kleines Beispiel: Ich sitze mit einem Mann in einem Raum. Sonst ist niemand da. Beide arbeiten wir an etwas. Wir kennen uns, wenn auch nicht besonders gut. Plötzlich bekomme ich nach seiner Frage, ob er mir einen Kaffee mitbringen soll, Angst: Ich nicke, sage danke, aber in mir fängt es an zu zittern, mein Herz pumpt und ich schaue starr auf meinen Bildschirm, bin nicht fähig weiterzuschreiben. Ich sitze nur da und starre lange vor mich hin. Irgendwann bin ich wieder so bei mir, dass ich mich über meine Angst wundere. Ich sage mir immer wieder, dass es keinen Grund zur Angst gibt. All das bringt nicht viel. Später sagt mir jemand anderes: „Hast du gerochen, dass er getrunken hat? Er hatte ordentlich Jägermeister intus." Und immer noch dauert es ein paar Stunden, bis ich meine Angstreaktion damit zusammenbringe: Der Jägermeistergeruch hat meinen Körper an einen übergriffigen Vorfall erinnert. Mein Körper hat es wahrgenommen, wenn auch mein Verstand den Geruch gar nicht bemerkt hatte. Bis mir das klar wurde, habe ich mich für meine unver-

7 Körpergedächtnis bedeutet, dass sich der Körper an alte Erfahrungen erinnert – oft geschieht dies auch unbewusst.

ständliche Überreaktion verurteilt. Als ich wusste, worauf mein Körper reagiert hatte, konnte ich es einsortieren und der Person wieder ohne Angst begegnen.

Was hilft in solchen Momenten von Erstarrung und Sprachlosigkeit? Meist nicht die Frage, was denn los sei. Vielmehr geht es darum, dass die Sinne anders angesprochen werden. Der Körper andere Reize wahrnimmt, zum Beispiel durch aufstehen, zur Toilette gehen, einen Spaziergang machen, bewusst etwas Geschmackvolles essen oder trinken, sich strecken usw. All das hilft, wieder im Hier und Jetzt anzukommen. Im obengenannten Moment war es der Geschmack des Kaffees, der mich langsam zurückgeführt hat.

Die unerlaubte Wut

Hat jemand mich verletzt, dann ist Wut erst einmal berechtigt. Ich darf und sollte mich darüber ärgern, was mir geschehen ist, beziehungsweise über den, der mir etwas angetan hat. Das rückt meine Würde wieder ins rechte Licht: Wut schafft Gerechtigkeit. Und gezeigte Wut macht nach außen meine Grenzen sichtbar, sorgt also dafür, dass das Gleiche hoffentlich nicht so schnell wieder geschieht.

Doch das Zeigen von Wut ist bei den meisten Betroffenen schwierig: In der Regel gehen eine Zeit der Manipulation und/oder Abhängigkeitsstrukturen dem Missbrauch voraus. Betroffenen wird eingeredet, dass alles richtig ist, was geschieht: „Du hast es doch auch gewollt!“ – „Wir machen, was sonst nur Erwachsene machen – weil du schon so weit bist.“ – „Du redest aber mit niemandem darüber, andere verstehen das Besondere nicht, das wir haben.“ Im religiösen Bereich kommen dann oft noch folgende Deutungsmuster dazu: „Ich hatte im Gebet das Gefühl, Gott möchte genau das für uns/für dich.“ – „Gott hat uns zusammengeführt.“ – „Für deine Gottesbeziehung sind diese Erfahrungen wichtig.“

Grenzen werden überschritten und das spüren die Betroffenen auch ganz deutlich: Alles fühlt sich falsch an. Aber der Täter sagt, dass alles richtig so ist. Was stimmt denn jetzt? Und so wird die Wut unterdrückt oder weggeredet. Männer richten die unerlaubte Wut später häufig gegen andere oder trainieren besonders stark, damit niemand ihnen mehr Gewalt antut. Frauen hingegen richten die Wut meistens gegen sich selbst – in selbstverletzendem Verhalten, aber auch in Abwertungen der eigenen Person.

Oftmals braucht es lange Zeit, bis die Wut dort gefühlt und gelebt werden kann, wo sie hingehört. Außenstehende wundern sich unter Umständen, warum Betroffene keine Wut zeigen, sondern eher Schmerz, Unsicherheit und Angst. Oft wird leise erzählt von dem, was geschehen ist, mit einem schamvollen Ton. Manchmal haben Menschen, die dies mitbekommen, das Gefühl, sie müssten stellvertretend wütend werden, um Gerechtigkeit wiederherzustellen. Bis zu einem gewissen Grad ist das sehr hilfreich. Vielen Betroffenen tut es gut, an anderen Wut zu erleben, um langsam selbst die eigene Wut freizulegen. Schwierig wird es dann, wenn vom anderen so viel Unverständnis über die nicht gezeigte Wut kommt, dass erneute Scham beim Betroffenen ausgelöst wird.

Schuld- und Schamgefühle

Es ist das Fest der Heiligen Familie und ich habe einen Gottesdienst in einer Klinik. Mir fällt das Fest nicht leicht. „Heilige Familie" – das klingt so sehr nach Werbefamilie: Die Gartentür in die Küche geht auf, drei Kinder kommen schmutzig hereingerannt, alles ist blitzblank geputzt und aufgeräumt. Die Mutter steht lächelnd da und hält den Kindern Schokoriegel entgegen. Der Vater hebt ebenso lächelnd den Kleinsten hoch, um an den Riegel heranzukommen. Zärtlich küsst er ihn auf die Stirn. Alles friedlich, höchste Harmoniestufe. So eine Familie, wo nie gestritten wird, keine Herausforderungen zu erkennen sind – die ist mir fremd. Und „heilige Familie" klingt nach einem riesigen Anspruch an perfektionierte Harmonie.

Also predige ich darüber, wie „unheilig" es in dieser Familie Jesu doch auch zuging: Ungeplant jung schwanger, plötzlich hohe Gäste da, dann verschwindet der Sohn mit zwölf „im Haus seines Vaters", bei einer Hochzeit fährt er seine Mutter harsch an, schickt die Familie später weg und letztlich muss seine Mutter erleben, wie er am Kreuz stirbt. Sicherlich alles andere als höchste Harmoniestufe. Ich gehe ein auf den Druck, den solche Bilder machen und spreche von Herausforderungen im Miteinander.

Nach dem Gottesdienst sehe ich, wie eine junge Frau sitzen bleibt, ganz in Gedanken. Irgendwann sind alle aus dem Raum und wir kommen ins Gespräch: „In meiner Familie war nichts heilig. Das war einfach nur schrecklich. Aber darüber kann ich nie was sagen." Und dann erzählt sie ganz leise – ich verstehe akustisch nur die Hälfte –, dass ihr Onkel sie „immer angefasst hat", wenn sie allein waren und die Eltern sie geschlagen haben, als sie sich ihnen anvertraute. Statt wütend zu sein, schämt sie sich dafür, keine Familie zu haben, in der sie sich wohlfühlt. Wenn andere erzählen, dass sie an den freien Uni-Wochenenden die Eltern besuchen, bleibt sie stumm und fühlt sich fremd und falsch.

Und dieses Gefühl, das kennt sie gut: Bringt der Kellner ihr das falsche Getränk, dann schämt sie sich, dass sie es vielleicht nicht deutlich genug gesagt hat. Sitzt jemand auf ihrem reservierten Platz im Zug, dann traut sie sich kaum, denjenigen darauf anzusprechen und entschuldigt sich mit hochrotem Kopf. Wenn die Kassiererin an der Supermarktkasse einen Moment warten muss, bis sie alles eingeräumt hat, dann zieht sie den Kopf ein und schämt sich, den nächsten aufzuhalten.

Schuld- und Schamgefühle stellen sich aus unterschiedlichen Gründen ein: Zum einen, weil der Täter die Opfer schuldig gesprochen hat: „Wenn du nicht so gut aussehen würdest, …", „Du willst es ja auch …!" Zum anderen, weil das Einreden einer eigenen Schuld suggeriert, dass ich nicht ohnmächtig dem Geschehen ausgeliefert bin/war. Außerdem ist Missbrauch (und auch Sexualität an sich) ein großes Tabu und das Betroffensein führt dazu, dass ich mich gesellschaftlich ausgeschlossen fühle.

Kinder, die Missbrauch erleben, erfahren früh, dass ihre Grenzen nicht geachtet werden und schließen daraus, dass sie es nicht wert sind, gut behandelt zu werden. Sie haben den Eindruck, dass sie kein Recht darauf haben, wichtig genommen zu werden. Ein gesundes Selbstwertgefühl kann sich so kaum ausbilden. Stattdessen nagen Selbstzweifel an ihnen und führen zu Schuld- und Schamgefühlen.

Erwachsene, die Missbrauch erfahren, schämen sich oft, weil sie keine Grenzen gesetzt haben und sprechen sich so selbst schuldig.

„Warum bin ich so schwach?“, „Ich bin selbst schuld, ich hätte ja Nein sagen können.“

Was bei Schuld- und Schamgefühlen von außen hilft? Die Schuld da zu benennen, wo sie hingehört: Sie gehört in jedem Fall zum Täter – und das muss manchmal sehr häufig gehört werden, um es glauben zu können. Zum anderen hilft alles, was den Wert und die Würde des Betroffenen stärkt: So zum Beispiel zu zeigen, dass man sich freut, den anderen zu sehen, zu sagen, was man am anderen schätzt, und die Meinung des anderen ernst zu nehmen und zu achten.

Segen und Fluch von Beziehungen

Beziehungen brauchen Vertrauen, um zu wachsen. Ich baue Beziehungen auf, wenn ich grundsätzlich erst einmal davon ausgehe, dass der andere es gut mit mir meint. Ein gesundes Vorschussvertrauen erleichtert ein tieferes Kennenlernen beziehungsweise macht es oft überhaupt erst möglich. Habe ich vor allem gelingende Beziehungen erlebt, gehe ich erst einmal davon aus, dass der andere es schon gut mit mir meinen wird. Ist mein Vertrauen jedoch missbraucht worden, indem jemand meine Grenzen nicht geachtet hat, mich schlecht behandelt oder Gewalt in irgendeiner Form über mich ausgeübt hat, ist dieser Vertrauensvorschuss meist nicht da. Ich gehe dann eher davon aus, dass der andere mich ablehnen wird, als dass er mich mögen wird. Deshalb zeigen Betroffene oft eine große Vorsicht bei der Kontaktaufnahme und deuten alle Signale akribisch daraufhin, ob der andere es gut mit ihnen meint oder nicht.

Meine besten Freunde mussten einiges dafür tun, mein Vertrauen zu gewinnen. Ich war sehr abwartend. Vor allem erinnere ich mich an folgende Szene: Im Studium hatte ich zwei Mitstudentinnen in einem Tutorium kennengelernt. Wir hatten gemeinsam eine ganze Zeit gewartet und uns dabei ausgetauscht. Auf Anhieb hatten wir uns gut verstanden. Dann sahen wir uns am nächsten Tag beim Seminar wieder. Die zwei waren schon im Raum. Die meisten hätten sich wohl dazu gesetzt. Ich nicht. Ich habe mir einen Platz fernab von schon belegten Plätzen gesucht. Die beiden riefen nach mir. Erst einmal tat ich so, als würde ich sie nicht hören: Was konnten sie denn schon wollen? „Hey, setz dich doch hier zu uns rüber!" Eine wunderbare Freundschaft entwickelte sich, die aber so manche Hindernisse überwinden musste. Immer wieder musste ich erleben, dass sie es wirklich gut mit mir meinen, bis ich es mehr und mehr glauben konnte.

„Aber du kannst mir doch vertrauen", heißt es oft, wenn Nichtbetroffene mitbekommen, wie vorsichtig und skeptisch Betroffene in der Beziehungsgestaltung häufig sind. Der Satz hilft jedoch nur bedingt: Dass es objektiv keinen Grund zum Misstrauen gibt, weiß der Betroffene auch. Aber – die Person hat es ja schon einmal erlebt, dass in einer Beziehung, in der man eigentlich davon ausgehen müsste, dass der andere einen gut behandelt, das Gegenteil geschehen ist. Ist es dann nicht gesund, vorsichtiger zu sein? Gleichzeitig verlangt es einiges von Nichtbetroffenen, mit dieser Verunsicherung umzugehen, die Vorsicht wiederum nicht auf sich zu beziehen, sondern beim anderen zu belassen, ihm Zeit zu geben und vor allem Gründe zum Vertrauen.

Auch die Frage nach Körperkontakt stellt sich da: Während eine Umarmung für Nichtbetroffene wohltuend oder normal ist, so braucht es für Missbrauchsbetroffene oft ein Bewusstmachen, dass die Berührung gut gemeint ist. Auch wenn die Betroffene weiß, dass es eine freundschaftliche Berührung ist, meldet der Körper oftmals doch Alarmbereitschaft, weil er sich an Berührungen erinnert, die bedrohlich und verletzend waren. Die negativen Erfahrungen speichern sich besonders nachhaltig ab.

Gleichzeitig sehnt sich gerade ein geschundener Körper erst recht nach wohltuenden Berührungen. Die negativen Erfahrungen können vor allem dann heilen, wenn positive, achtende und wertschätzende Berührungen den Körper eine andere Realität erleben lassen. Ein guter Umgang mit der Frage nach Körperkontakt ist es, zum Beispiel einfach zu fragen: „Ist eine Umarmung für dich in Ordnung?"

Ebenso ist es in Beziehungen generell. So herausfordernd das Leben von Beziehungen für Missbrauchsbetroffene ist, weil es immer wieder mit den eigenen Unsicherheiten und Ängsten, den gemachten schlechten Erfahrungen konfrontiert, so sind gelingende Beziehungen doch das heilsamste, was geschehen kann: Werden gute zwischenmenschliche Erfahrungen gemacht, dann verschwinden die traumatischen Erfahrungen zwar nicht, aber sie verlieren Stück für Stück ihre Übermacht. Wenn ich erlebe, dass der andere mich achtet und respektiert, dass ich gewollt bin, als die, die ich bin – nicht um die Lust des anderen zu befriedigen. Wenn ich spüre, dass ich geliebt bin, würdevoll behandelt werde, dass sich jemand an mir freut, mich gern um sich hat. Solche Erfahrungen helfen Schritt für Schritt dem eigenen Wert und der eigenen Würde wieder zu trauen, mich nicht weiter missbrauchen zu lassen, sondern einzufordern, dass mit mir gut umgegangen wird.

Doch bis dahin kann es mitunter ein steiniger Weg sein. Im Kontakt mit Betroffenen kann es immer wieder geschehen, dass ausgetestet wird, ob der andere es gut mit einem meint. Wie geht der andere mit mir um, wenn ich mich einmal nicht melde? Es kann Momente geben, in denen jedes Wort auf die Goldwaage gelegt wird. Kleinere Kritik kann falsch verstanden werden als ein „Der andere mag mich nicht".

Betroffene sind oft auf Alarmbereitschaft, was die Atmosphäre angeht. Diese Übervorsicht hat nichts oder nur wenig mit der konkreten Person zu tun: Es liegt nicht an mir, dass der andere immer wieder kritisch beäugt, ob er mir vertrauen kann, dass er sich schwertut, Hilfe anzunehmen, sich nicht zumuten möchte, vorsichtig darin ist, selbst den Vorschlag zu machen, gemeinsame Zeit zu verbringen. Und es liegt auch nicht an der Betroffenen, sondern an dem, was sie erlebt hat, am Erfahrungshorizont, der sie leitet.

Wenn immer wieder gesagt wird: „Aber wir sind doch Freundinnen, aber du kannst mir doch vertrauen!" kann das zu Scham führen, nicht so vertrauen zu können wie die andere Person es erwartet. Die Zusage des Vertrauens kann dennoch guttun, weil sie Beziehungssicherheit gibt. Es ist hilfreich, sich und dem anderen Zeit zu geben und sich immer wieder zu sagen, dass es nicht an mir liegt, aber auch der andere nicht schuld daran ist, nicht vertrauen zu können. Aus Sicht Nichtbetroffener kann es bei solchen Verunsicherungen helfen, innezuhalten und sich zu fragen: Was hat die andere wohl erlebt, dass es ihr so schwerfällt? Das mag dazu beitragen, geduldig warten zu können.

Eine Frau, die ich begleitete, entschuldigte sich am Ende eines Gesprächs immer dafür, dass sie mir so viel Zeit gestohlen hätte. Ich wusste um ihren Hintergrund, darum, dass sie darauf angewiesen war, immer wieder zu hören: „Du störst nicht! Ich höre dir gerne zu!"

Und doch, nach ein paar Gesprächen war ich enttäuscht: Was mache ich denn falsch, dass sie mir immer noch nicht glauben kann, dass sie nicht stört, dass sie sein darf, wie sie ist? Und meine Enttäuschung kippte in ein Genervtsein. Als ich das merkte, sagte ich zu ihr: „Irgendwann wird Ihre Angst zu stören aufhören und Sie werden erleben, dass Sie einfach da sein dürfen."

Sie schaute mich an, fing an zu weinen und sagte leise: „Ja? Das wäre so schön!" Beim nächsten Mal fragte sie nicht nach. Meine ausführliche Zusage hatte ihre Angst ein wenig gelöst. Doch dann im folgenden Gespräch sagte sie: „Ich muss es jetzt einmal hören, ich muss wissen, dass ich nicht störe." Und dann habe ich es in folgenden Gesprächen einfach umgedreht und ihr von mir aus gesagt: „Schön, dass Sie da waren! Mich freut es, Sie ein wenig begleiten zu dürfen." Irgendwann lächelte sie mich am Ende eines Gespräches an: „Ich kann es jetzt glauben!"

Im kirchlichen Kontext kommt eine Eigenart an Beziehungen dazu, die das Finden von Beziehungssicherheit ein wenig verkompliziert – aber auch eine Chance bieten kann. Die meisten Beziehungen entstehen und funktionieren anders. Bei einer Freundin, da hat mich etwas schon einmal angezogen: Wir haben uns zu Freundinnen erwählt. In Familienbeziehungen steckt man erst einmal drin: Man bleibt Bruder, Schwester, Tochter oder Vater, auch dann, wenn man die Beziehung aufkündigt. Das Familiengeflecht ist recht konstant, wenn sich auch Vertrautheit, Nähe und Distanz ändern können. Arbeitsbeziehungen sind durch die Hierarchie der Arbeitsstelle und den Gelderwerb definiert. Aber was ist mit Beziehungen im gemeindlichen Kontext?

Beziehungen hier sind sehr fluide: Man arbeitet konstruktiv im Kirchengemeinderat, ist aber nicht befreundet. Man teilt die Freude am Singen, hat sich aber nicht gegenseitig ausgesucht. Man lebt in dem Anspruch, einander „Schwester und Bruder im Glauben" zu sein, ein Leib mit vielen Gliedern, und doch ist da oft viel Fremdheit durch Alter, Lebensumstände und das Maß der Nähe zur Gemeinde. Zwischen einem hohen Maß an Vertrautheit und großer Distanz ist dennoch alles da. Wir sind da mit dem Anspruch, gemeinsam unseren Glauben zu leben, gemeinsam in aller Verschiedenheit nach Gott zu suchen. Wir sind uns an die Seite gestellt, unser Leben zu teilen. Und das kann, bei aller Beziehungsunsicherheit, auch eine große Chance sein. Was, wenn wir ernst nehmen, dass in unseren Beziehungen Gott dabei ist, dass immer ein Dritter mit im Bund ist? Was würde das verändern?

3. Die Eigenart traumatischer Erinnerungen

Ein Trauma ist purer Stress. Stress kennen wir alle. Unser Alltag besteht aus unterschiedlichsten stressauslösenden Situationen. Normalerweise versuchen wir alles, damit der Stress wieder geht und sich ein Gleichgewicht zwischen Spannung und Entspannung einstellt: die Tasse Kaffee nach dem Wocheneinkauf, die Viertelstunde in der Sonne liegen nach der Arbeit, das Buch zum Runterkommen am Abend.

Traumatischer Stress kann jedoch nicht so einfach ausgeglichen werden. Warum nicht? Ein Blick in unser Gehirn erklärt mehr.

Ein kleiner Einblick in unser Gehirn[8]

Stressreaktionen können in drei Kategorien eingeteilt werden: normale Stressreaktionen, Notfallreaktionen und traumatische Stressreaktionen.

Normale Stressreaktionen werden ausgelöst von körperlichen Mangelzuständen wie zum Beispiel Hunger und Durst, Herausforderungen in Schule und Beruf und zwischenmenschlichen Konflikten unterschiedlicher Art. All das kann die gut bekannten Stresssymptome auslösen: veränderte Atmung, höherer Puls, Herzklopfen, Anspannungsgefühle in den Muskeln, erhöhte Aufmerksamkeit, Schwitzen usw. Doch bei allen Symptomen behält man die kognitive Kontrolle: Ich überlege, wo ich etwas zu essen oder trinken bekomme, sage mir, dass ich gut vorbereitet bin für die Präsentation vor meiner Chefin oder schaue, welcher Streit mit dem immer nörgelnden Bruder sich lohnt und welcher nicht. Es sind Situationen, die herausfordern,

8 Mir persönlich hat die Beschäftigung mit den Eigenarten der Traumaverarbeitung im Gehirn sehr geholfen. Ich hatte viele „Aha-Momente“: „Deshalb tickst du so: Du bist nicht komisch, sondern das ist eine Hirnreaktion!“ Wer sich vertiefen möchte, dem kann ich die Bücher von Peter Levine und Bessel van der Kolk sehr empfehlen – vgl. Empfehlungen im Anhang.

von denen ich aber weiß, dass sie bewältigbar sind und vorübergehen. Das eigene Leben wird durch sie nicht in der Tiefe als bedroht erlebt.

Anders ist es bei Notfallsituationen. Diese lösen im Gehirn ein sofortiges biologisches Notfallsystem aus, um das Überleben zu sichern. Es ist keine Zeit, kognitiv abzuwägen – wie automatisch erkennt der Körper, was nun zu tun ist. Drei Möglichkeiten haben wir bei Lebensbedrohung: Hilfe durch andere Menschen (face), Fliehen (flight) oder Kämpfen (fight). Je nach Art der Bedrohung ist das eine oder das andere geeigneter. Als ich als Sechsjährige die Serviette im Brötchenkorb aus Versehen an der Kerze entzündete, half der laute Schrei „Maaaama!!" (face). Als mir in der Nacht ein Auto auf meiner Spur entgegenkam, hielt ich automatisch auf den Straßenrand zu, hinein in die Wiese (flight). Und als mir beim Betreten der Wohnung Wasser aus dem Geschirrspüler entgegenlief, rannte ich zum Wasserregler, um ihn auszustellen (fight). Diese unterschiedlichen Reaktionen habe ich nicht vorher überlegt, sondern sie liefen automatisch ab. Hätte ich lange darüber nachgedacht, ob der Fahrer noch ausweicht oder ich selbst das Feuer löschen kann, wäre es womöglich zu spät gewesen.

In Notfallsituationen wird die Wahrnehmung vom Gehirn fokussiert und auf die Gefahrensituation reduziert. Wie auf Autopilot geschaltet wird die Situation durchlebt. Ist die Gefahr bewältigt, hören auch die Stressreaktionen auf. Vielleicht kommen nachher noch wiedererlebende Panikreaktionen („Ich könnte tot sein!"), doch diese sind in der Regel mit der Erleichterung, dass es vorbei ist, gepaart.

Anders ist es bei traumatischen Stressreaktionen. Treten traumatisierende Ereignisse auf, wird im Gehirn die Information nicht mehr an die Wahrnehmungszentren weitergeleitet. Somit fallen Flucht und Kampf als Reaktionen aus. Man wird schmerzunempfindlich, weil die Wahrnehmung gekappt ist – und doch bekommt der Körper mit, was geschieht, und bleibt angefüllt mit Stresshormonen. Die Gefühle, die später nach der traumatischen Situation bleiben, sind Ohnmacht, Ausgeliefertsein und Hilflosigkeit bis zum absoluten Kontrollverlust. Innerlich und manches Mal auch äußerlich friert der Mensch ein (freeze).

Der cortikale Bereich im Gehirn – zuständig für Sprache, bewusste gedankliche Handlungskontrolle, Orientierungsfähigkeit in Raum und Zeit und Wahrnehmung sensorischer Reize – fällt teilweise aus.

Das, was einem passiert, wird also ungefiltert gespeichert. Es geschieht keine Einordnung, keine Chronologie und somit auch kein Ende. Und doch speichert sich das Geschehen ab, aber eben fragmentiert, in unterschiedlichen kleinen Erinnerungshappen (fragment). Da keine abschließende Einordnung geschieht, können auch einzelne Reize den Körper wieder in die damalige Hilflosigkeit zurückversetzen, zum Beispiel das Aftershave des Täters an einer anderen Person, das Geräusch der Straßenbahn, wenn der Tatort neben der Bahn lag, das Grün des Vorhangs, das an das Tatsofa erinnert. Diese unkontrollierten Erinnerungen, die sogenannten Flashbacks[9], versetzen den Körper zurück in die Vergangenheit und führen zu Retraumatisierungen.

Das Fragmentarische der Erinnerungen führt dazu, dass manche Traumaerzählungen einer rationalen Überprüfung nicht standhalten: Da ist etwas ganz klar, etwas anderes aber überhaupt nicht, da werden vielleicht zwei Ereignisse vermengt oder etwas erzählerisch Zentrales fehlt. Eine Chronologie ist oft nicht da, manchmal ist nur ein Moment erinnert, manchmal sogar nur ein ganz mulmiges Gefühl einer Person gegenüber und der Drang, ihr aus dem Weg zu gehen. Es fehlt vielleicht der Teil, wie es zu der Situation gekommen ist, oder die Tat an sich ist nicht erinnert, aber die Schmerzen im Unterleib und das Verkriechen unterm Bett und Ähnliches melden sich immer wieder.

Äußerlich wirken Traumaerzählungen dadurch manchmal unglaubwürdig. Mir tut es gut, um das Fragmentarische zu wissen, damit ich nicht unterstelle, dass der andere lügt, nur weil eine Erzählung nicht „komplett" ist. Und – warum sollte jemand so schlecht lügen? Eine ausgedachte Geschichte hätte eine innere Logik, Anfang, Ende und Tatbeschreibung. Gerade lückenhafte Erzählungen sprechen für den Wahrheitsgehalt des Geschehens. Für Betroffene ist die lückenhafte Erinnerung schlimm genug, gerade dann, wenn sie ohnehin eine längere Zeit weggedrängt war. Sie trauen ihrer Wahrnehmung selbst kaum und brauchen Unterstützung: „Warum solltest du dir das ausdenken?"

Dadurch, dass die Kontakte zu den Wahrnehmungszentren gekappt sind und das Geschehen nicht eingeordnet wird, hat es auch kein Ende. Reagiere ich mit face, fight und flight, dann habe ich ein

9 Blitzartiges Wiedererleben von Vergangenem

klares Ergebnis: Mir wurde geholfen, ich habe erfolgreich gekämpft oder konnte mich durch Flucht retten. Die Situation wird sich bei mir einspeichern als eine Herausforderung, die ich gemeistert habe, und mir in zukünftigen Situationen helfen, meine Ressourcen zu erweitern. Oder das Ganze ist nicht gut ausgegangen: Ich bin dem Auto nicht ausgewichen, wir sind zusammengestoßen, eine lange Krankenhauszeit schließt sich an etc. – auch dann hat es aber ein Ende und ich werde höchstwahrscheinlich beim nächsten Mal sofort ausweichen.

Da die traumatische Situation nicht beendend eingeordnet wird, bleibt der Stresslevel erhalten und der Organismus ist in anhaltender Überregung. Durch diese Überregung wird der Körper auf Herausforderungen oder Überraschendes mit sogenanntem „Hyper Arousel" und/oder „Hypo Arousel" reagieren. Was ist damit gemeint? *Hyper Arousel* könnte man laienhaft mit Überreaktion beschreiben: Kommt jemand in den Raum dazu, den ich nicht gehört habe, dann schreie ich auf, oder ich beginne zu zittern, wenn eine Tür knallt. Zur Überregung zählen unter anderem auch Albträume, Schlafstörungen und Hyperaktivität. *Hypo Arousel* zeigen sich im Gegenteil: Abschalten, Dissoziationen[10], wie entrückt sein, Vermeidungsverhalten, Depressionen, Kraftlosigkeit und Leblosigkeit. Aufgrund der Überforderung wird abgeschaltet und ausgewichen. Beide Formen der Reaktion können sich auch abwechseln.

Die nicht aufgelöste Bedrohung bleibt im Körper gespeichert und führt zu Reaktionen, die manchmal nicht einmal der Betroffene versteht. Für mich gab es beispielsweise lange einen bestimmten Geruch, der dazu führte, dass ich mich klein und ohnmächtig fühlte. Lange wusste ich gar nicht, warum, und konnte so auch wenig gegen meine Gefühle unternehmen. Ich erinnere mich an eine Studentin, die mir von ihrer Erleichterung erzählte, als sie endlich verstand, warum sie sich in ihrer WG so unwohl fühlte: Der Dialekt eines Mitbewohners war exakt der „ihres" Täters. Sie verstand es erst, als an einem längeren Abend der Mitbewohner erzählte, woher er ursprünglich kommt: aus der exakt gleichen Stadt wie ihr Täter. Nun konnte sie ihrem Angstgefühl begegnen und irgendwann fühlte sie sich wohl in der WG, ist

10 Dissoziieren bedeutet trennen. In einem dissoziativen Zustand sind Wahrnehmung, Denken, Handeln und Fühlen getrennt.

mittlerweile befreundet mit dem Mitbewohner. Das Verstehen ihrer Körperreaktion hat ihr geholfen, ihrer Angst nicht mehr ausgeliefert zu sein.

Doch häufig lösen Reize etwas aus, das der Betroffene (noch) nicht versteht, was oft mit Schamgefühlen verbunden ist: „Was ist denn da in mir nicht richtig?“ Ich denke, gerade hier hilft es, die Abläufe im Gehirn ein wenig zu verstehen, um sich sagen zu können, dass es irgendeinen Grund geben wird für die Körperreaktionen. Ich bin deshalb nicht verrückt, sondern werde etwas erlebt haben, was in meinem Körper Spuren hinterlassen hat, ohne dass ich es einordnen konnte. Und vielleicht hat es sogar zum Überleben verholfen, nicht alles komplett wahrgenommen zu haben.

Als Kirche könnten wir hier noch mehr die Chance entdecken, ein Ort der Ruhe zu sein: Klarer Ablauf im Gottesdienst, Stille, wiederkehrende Rituale, meditative Musik etc. Ein Ort, an dem die Alarmstimmung ein wenig herunterfahren kann. Ein Ort der Erholung. Das Gleiche gilt für den Kirchraum: Gibt es da Orte, wo man sich auch außerhalb der Gottesdienste zurückziehen kann, um zur Ruhe zu kommen und nachzuspüren, dass mich gerade nichts und niemand bedroht, ich in Sicherheit bin?

Gefangen in der Vergangenheit

Dadurch, dass das Geschehen nicht bewusst eingeordnet werden kann, findet es seinen Platz nicht in der Vergangenheit, sondern spielt in der Gegenwart eine Rolle im Untergrund, die sich so manches Mal nach oben drängt.

Das Ergebnis einer Studie zeigt besonders eindrucksvoll, wie unterschiedlich normale und traumatische Erinnerungen sind. Für diese Studie gewann man Menschen, die „etwas Schreckliches erlebt haben, was ihnen nicht aus dem Sinn geht“. Sie wurden zunächst aber nach Ereignissen befragt, die sie in besonders guter Erinnerung haben, etwas so Schönes, dass sie es nie vergessen werden. Häufig wurde der Hochzeitstag genannt, aber auch Wettkämpfe, Abschlüsse und Auszeichnungen. Dann sollten sie sich an die körperlichen Reaktionen erinnern: „Kommt es vor, dass Ihnen plötzlich ein lebhaftes Bild von

Ihrem Hochzeitstag vor Augen ist? Erinnern Sie sich daran, wie sich der Körper Ihres Mannes anfühlte? Wenn Sie sich erinnern, fühlen Sie sich wieder genauso, wie bei Ihrer Abschlussrede? ..." All das wurde mit „Nein" beantwortet: Sie konnten die Geschichten gut erzählen, auch mit vielen Details und lebendig, aber der Körper fühlte sich nicht genauso an wie damals. Sie waren ganz im Hier und Jetzt.

Ganz anders war es, als man dann nach den traumatischen Erinnerungen fragte: „Spüren Sie noch, wie sich die Hand des Täters anfühlte? Haben Sie manchmal den Geruch Ihres Vergewaltigers in der Nase?" Diese Fragen wurden meist sehr emotional bejaht und hatten oft noch so aktuelle Auswirkungen, dass bestimmte Gerüche oder Orte gemieden wurden. Die Befragten konnten nicht chronologisch differenziert vom Geschehen erzählen, hatten aber sehr lebendige Körperreaktionen im Gegensatz zu den nicht traumatischen Erinnerungen, die zwar gut im Gehirn organisiert waren, aber keine Körpererinnerungen hervorriefen. Vergangenheit ist nicht mehr Vergangenheit, sondern wird zur Gegenwart. Der Körper fühlt sich an wie damals.[11]

Um gut mit Betroffenen umzugehen, ist es enorm wichtig zu verstehen: Ist erlebte sexualisierte Gewalt noch nicht vollständig verarbeitet, dann bedeutet darüber zu reden, dass die alten Erfahrungen aktualisiert werden, es sich im Körper oft anfühlt wie damals. Das hilft niemandem und birgt die Gefahr, erneut traumatisiert zu werden. Ein Sprechen über die Tat sollte niemals von einem anderen provoziert werden. Möchte eine Betroffene reden, sollte man sie auch sprechen lassen. Aber auch da ist das höchste Gebot, nicht nachzubohren und vielleicht auch nachzufragen, ob es dem anderen guttut: „Ich höre dir gerne zu, wenn du es mir erzählen möchtest, aber achte bitte gut auf dich, ob es dir guttut." Es sollte niemand gehindert werden zu erzählen, weil das schnell wirken kann, als würde man nicht hören und glauben *wollen*. Betroffene kostet es enorm viel Mut, sich jemandem anzuvertrauen. Daher sollte, wenn möglich, das Reden nicht verhindert werden.

Ich kann als Gesprächspartner jedoch meine Nachfragen von der Tat weglenken hin zu dem, wie die Person heute, trotz des Miss-

11 vgl. van der Kolk: Verkörperter Schrecken, S. 232f.

brauchs, ihr Leben meistert. Doch nicht so, dass der Eindruck entsteht, es dürfe über Missbrauch nicht gesprochen werden. Wenn Missbrauch für mich kein Tabu ist und ich mich gleichzeitig mehr für die betroffene Person als für die Tat interessiere, dann wird sich in den meisten Fällen automatisch ein gutes Gleichgewicht einstellen, das das Sprechen nicht verbietet, aber zu einem wohltuenden Erleben führt, mehr als das Geschehene zu sein.

Wenn ich merke, dass beim Erzählen jemand starke Körperreaktionen zeigt (Zittern, Zusammenkrümmen etc.) oder wie abwesend wirkt, dann ist die Person wieder körperlich mit dem Schrecken der Tat konfrontiert. Da hilft es, die Person wieder ins Hier und Jetzt zu holen: ein Glas Wasser anbieten, Spazierengehen, den Ort wechseln. Alles, was zur Wahrnehmung des Moments führt, hilft aus der Vergangenheit wieder zurückzufinden. Den Schmerz durchleiden heilt nicht, wenn es nicht aus dem sicheren Gefühl der Gegenwart geschieht, und ein Wiedererleben des Traumas sollte nur in einem guten psychotherapeutischen Setting stattfinden. Für den Umgang mit Betroffenen ist es wichtig, nicht zu provozieren, dass alte Erinnerungen zu lebendig aufsteigen. Wenn es dennoch geschieht, sollte behutsam wieder herausgeführt werden. Und wenn das nicht gelingen sollte, dann ist es so – die Person wird das wahrscheinlich schon häufiger erlebt und auch überlebt haben. Du kannst nicht verhindern, dass negative Körperreaktionen aufsteigen und es liegt auch nicht in deiner Macht, wieder herauszuführen. In Panik verfallen hilft nichts – bleib bei der Person und versuche sie abzulenken. Es wird wieder aufhören!

In der christlichen Spiritualität haben wir einen reichen Schatz, der hilft, durch Körperwahrnehmung ganz in der Gegenwart zu sein. Unterschiedliche Atem- und Gebetstechniken bauen darauf auf, dass alles Weitere in den Hintergrund tritt, zugunsten der puren Präsenz in der Gegenwart. Solche Techniken können helfen, um aus dem Gefangen-Sein in der Vergangenheit auszubrechen.[12]

12 vgl. Kapitel 11 „Leiblichkeit“ und Kapitel 12 „Rituale, die den eigenen Gefühlen Raum geben“

Der lange Weg zurück zur eigenen Wirkmächtigkeit

Wie bereits gesagt haben traumatische Erinnerungen es an sich, dass der Betroffene einfriert oder nur fragmentarisch das Geschehene abspeichert. Was fehlt, ist, sich selbst als handlungsfähig und handlungswirksam zu erleben. Vorherrschend ist das Gefühl, ausgeliefert und ohnmächtig zu sein. Alte Erinnerungen zeigen sich oft als aktuelles Geschehen – auch das fühlt sich an wie Ausgeliefert-Sein.

Hilfreich ist es, wenn das Gehirn immer mehr Erfahrungen der eigenen Wirkmächtigkeit macht. Auch wenn es nur kleine Momente sind: selbst etwas entscheiden, ein „Nein", das gehört wird, eine Flucht, die erfolgreich ist – sie machen auf lange Sicht einen Unterschied.

Sonja kam zu mir in meiner Zeit als Klinikseelsorgerin. Sie wusste einfach nicht, wohin mit ihrem Leben. Sie hatte zwar einen Job, war aber nicht so recht glücklich darin: Ihr Vater hatte ihn ausgesucht. Ebenso wenig mochte sie ihre Wohnung. Gleichzeitig wusste sie aber auch nicht, was sie wollte – sie empfand nur ein Unbehagen mit der momentanen Situation. Sie erzählte recht bald, dass sie als junges Mädchen über längere Zeit missbraucht wurde, eine Therapie gemacht habe und grundsätzlich klarkäme. Aber sie erzählte auch, dass sie sich keine eigenen Entscheidungen zutraue und wenig mit sich anzufangen wisse: „Wer bin ich überhaupt? Wo möchte ich hin?"

Übers Philosophieren kamen wir nicht weiter: Sie hatte eine Idee und schlug sie wieder aus, kam auf eine neue Idee und hatte gute Gründe, warum das doch nicht passte. Als ich ihr riet, ausführliche Spaziergänge zu machen und bewusst die Sinne einzuschalten, sagte sie, dass sie die Natur mögen würde und eigentlich gern einen Garten hätte. Das setzte sie tatsächlich um: Sie pachtete einen Garten und begann, Obst und Gemüse anzubauen. Wenn sie von der Gartenarbeit erzählte, dann strahlte sie. Im Laufe der Zeit wurde ihr immer klarer, was sie zukünftig machen wollte. Meine letzte Info ist, dass sie noch einmal eine Ausbildung begann: zur Floristin!

Was hatte Sonja geholfen? Im Garten hatte sie erlebt, dass ihr Tun Folgen hat: Sorgt sie sich, dann wachsen die Pflanzen, kümmert sie sich nicht, dann gehen sie ein. Sie konnte erleben, dass ihr Handeln entscheidend ist. Und das Arbeiten mit allen Sinnen hatte ihr geholfen, mehr im Moment zu sein. Im Garten erlebte sie, dass auch ihr eigenes Leben blühen durfte.

In der Kirche reden wir immer wieder von Charismenorientierung: Jedem sind die Gaben des Heiligen Geistes geschenkt, keinem alle, niemandem keine. Entdecken wir doch gemeinsam unsere Gaben! Wenn wir dem Heiligen Geist in uns Raum geben, dann erhöht sich das Bewusstsein der eigenen Wirkmächtigkeit. Betroffenen die Gaben zuzusagen, die du in ihnen entdeckst, hilft ihnen, zu eigener Wirkmächtigkeit zurückzukommen. Gleichzeitig können wir Anstöße geben, selbst die eigenen Fähigkeiten zu entdecken – dazu braucht es jedoch oft eine Ermutigung!

4. Die Schwierigkeit Nichtbetroffener, sich auf das Thema Missbrauch einzulassen

Betroffene erleben häufig, dass ihnen aus dem Weg gegangen wird, wenn sie von ihrer Geschichte erzählen oder man weiß, dass da „etwas war". Eine Frau, deren Tochter vom Pfarrer mehrmals „angefasst" worden war, erzählte mir Folgendes: Die Übergriffe hatten sie offengelegt und der Diözese gemeldet, der Pfarrer wurde in seine Heimatdiözese zurückgeschickt und der Bischof informiert. Das staatliche Verfahren stand noch aus. In der Gemeinde erlebten sie nun, dass die meisten ihnen aus dem Weg gingen, was für die ganze Familie sehr schmerzhaft war. Eine Frau aus dem Chor kam zu ihr und brach das Schweigen: „Ich fühle mich so unwohl im Umgang mit dir: Willst du darüber reden oder nicht? Das ist mir alles so unangenehm …" Die beiden kamen ins Gespräch und irgendwann wurde es besser. Doch es brauchte einige Zeit, bis es wieder einen normalen Umgang mit ihnen in dem Ort gab.

Tabu Missbrauch im kirchlichen Raum

Missbrauch ist aus mehreren Gründen ein absolutes Tabu: Sobald es um Sexualität geht, wird es im Raum der Kirche nach wie vor schwierig. Wenn auch gesellschaftlich Sexualität ein sehr präsentes Thema ist und eine Diversität im Sexual- und Beziehungsleben immer mehr aus der Tabuzone herauskommt, so ist im kirchlichen Rahmen leider immer noch die Schere zwischen Lehrmeinung und dem selbstbestimmten Leben der Gläubigen ein Hindernis für gute Gespräche über Sexualität. Der Unterschied zwischen Leben und Lehrmeinung sorgt dafür, dass es oft ein Herantasten an die andere Person braucht, wie sie sich verortet, damit man sich traut, die eigene Haltung zu äußern. Anders leben, als es das Lehramt vorgibt, eröffnet schnell eine Atmosphäre des „Verbotenen". Wenn schon normale Sexualität ein schwieriges Thema ist, weil sie doch eigentlich nur zur Fortpflanzung in der Ehe da sein sollte und der Faktor Lust und Freude lehramtlich so gut wie nicht vorkommt beziehungsweise negativ beschrieben wird, wie schwer muss es dann sein, über Missbrauch zu sprechen?

Dank der Initiative „out in church“ und dem „Forum Sexualität“ des Synodalen Weges ereignet sich in den letzten Jahren zwar ein noch nicht dagewesener Dialog (unter anderem dank queerer Menschen, die bereit sind, sich zu zeigen). Und doch – im kirchlichen Rahmen über Sexualität zu sprechen, ist noch lange nicht einfach und ganz und gar nicht selbstverständlich. Statt sich darüber auszutauschen, was zu einer gesunden Sexualität gehört, was Konsens bedeutet und welche Haltungen einem christlichen Menschenbild entsprechen, steht das große „Du darfst, du darfst nicht“ über allem. Eine Sexualmoral gibt es seitens des Lehramts nur für die Ehe, da es laut kirchlicher Dokumente Sexualität nur innerhalb der Ehe geben solle. Sexualität außerhalb der Ehe kommt nicht vor, ist tabuisiert. Eine Moral für das Leben gesunder Sexualität außerhalb der Ehe gibt es nicht. Wie dann darüber sprechen?

Gerade die sogenannten „Reinheitsbewegungen“ (Kein Sex vor der Ehe, sich als Jungfrau aufheben für den Richtigen) erschweren es, zu einer gesunden Selbstwahrnehmung zu kommen. Ich träume von einem Katechismus, der nicht „du darfst, du darfst nicht“ sagt, sondern der Fragen zur Reflexion stellt, der Warnungen ausspricht, aber vor allem ermutigt, tiefer in sich hineinzuhören, was dem Leben dient. Das wäre eine wahre Reform in Richtung einer mündigen Sexualität, in der nicht enthaltsam lebende Männer entscheiden wollen, was in den Schlafzimmern der Gläubigen geschieht. Ja, was fehlt, ist Raum für mündige Sexualität in der Kirche. Ein Raum, in dem miteinander über Bedürfnisse und Sehnsüchte gesprochen werden darf und genauso miteinander geteilt wird, was einem nicht gutgetan hat. Sexualität wird so schnell mit „unanständig“ verbunden, dass die Schamgrenze hochliegt, darüber zu sprechen, wenn Übergriffe erfolgt sind – auf Opferseite, wie auch bei denen, die mit Vorkommnissen konfrontiert werden. Es ist schließlich nicht so, dass nur Bischöfe vertuscht hätten. In wie vielen Gemeinden hört man denn „hinter vorgehaltener Hand wusste jeder, dass man ihm als Junge nicht zu nahekommen darf“?

Ein weiterer Tabufaktor ist das hierarchische System der Kirche und das damit verbundene sakrosankte Priesterbild. Der Priester, der doch so fromm ist, so viel Gutes tut für die Gemeinde, sein Leben Gott geweiht hat, der kann doch „so etwas" nicht tun? Von Generation zu Generation wurde weitergetragen, dass der Priester „immer Recht hat". Wie schwer ist es dann zu sagen, dass ein Priester, der eigentlich enthaltsam leben sollte, nicht nur nicht enthaltsam lebt, sondern auch noch Schutzbefohlene zu Sex zwingt? Durch das Öffentlich-Werden vieler Priester, die Missbrauch begangen haben, schwindet dieses Bild glücklicherweise immer mehr. Das Pendel ist eher ins Gegenteil ausgeschlagen, sodass Priester, die sich gern in der Kinder- und Jugendarbeit einbringen, schon fast kritisch beäugt werden. Eine Entwicklung, unter der viele Priester verständlicherweise sehr leiden. Doch vielleicht muss diese Pendelbewegung sein, um künftige Taten zu verhindern? Und doch – wenn dann vor Ort etwas geschieht, möchte man es in vielen Gemeinden dennoch nicht wahrhaben: „Bei uns doch nicht!", „Aber er ist doch so sympathisch!" … Wenn es nicht um einen Priester „irgendwo" geht, dann greift das Tabuisieren doch nach wie vor schnell.

Eine dritte Schwierigkeit im Sprechen über Missbrauch liegt darin, dass es sofort die Einordnung in Opfer und Täter erfordert. Meine Solidarität mit der Betroffenen ist verlangt, auch dann, wenn ich von nichts weiß. Wie geht es ihr, wenn man ihr nicht glaubt, wo sie sich schon anvertraut? Und das ist sowohl für die Betroffene ein Unsicherheitsfaktor, als auch für die Zuhörende problematisch. Eine Lehrerin kam auf einem Workshop einmal zu mir und sagte: „Ich glaube erst einmal keinem, der mir etwas erzählt. Man kann mich doch auch anlügen und wie stehe ich dann meinem Kollegen gegenüber da?" Ich plädiere sehr dafür, im Zweifelsfall den Betroffenen zu glauben. In der Regel müssen sich Opfer sieben Personen anvertrauen, bevor ihnen geglaubt wird. Der Schaden für die Betroffene ist riesig, wenn sie wieder erfährt, dass man ihr nicht glaubt. Gleichzeitig bleibt die Frage, wie wir mit Falschbeschuldigungen umgehen. Wenn Falschbeschuldigungen auch gering sind: Es gibt sie. Und auch das ist für die falsch Beschuldigten verheerend. Es ist nur schwer möglich, diese Schlagzeilen wieder ganz und gar loszuwerden. Hier braucht es sicherlich noch einiges an Bereitschaft zu völliger Rehabilitierung, wenn es falsche Vorwürfe gab.

Missbrauch ist ein großes Tabuthema, doch gerade die Zeugnisse von Betroffenen haben viel dafür getan, dass das Thema sichtbar geworden ist und es heute leichter fällt, eigenen erlebten Missbrauch anzuklagen. Wir können Betroffenen im kirchlichen Rahmen gar nicht genug für ihren Mut und ihr Engagement danken: Ohne ihre Sichtbarkeit wären wir noch lange nicht da, wo wir heute sind. Durch ihre Geschichten wagen auch immer mehr Menschen, den Missbrauch in Familien, Sportvereinen und in Abhängigkeitsverhältnissen in Musik und Medien zu durchbrechen. Es sollte nicht so sein, dass es die Betroffenen sind, die so sehr dafür kämpfen müssen, dass mehr an Prävention und Aufarbeitung erfolgt. Es sollte nicht so sein, dass sie die Machthaber immer wieder erinnern müssen. Umso dankbarer bin ich ihnen für ihren unermüdlichen Einsatz.

Keine Angst vor Fehlern!

Wie reagiere ich denn, wenn mir jemand von erlebtem Missbrauch erzählt? Ich kenne diesen Schreckmoment der Überforderung gut aus der eigenen Arbeit. Wenn jemand in einem Nebensatz davon erzählt – soll es ein Nebensatz bleiben oder ist das ein Test, ob ein Gespräch möglich ist? Wenn ich gerade den Kopf mit allem Möglichen voll habe – kann ich die Erzählung gerade aushalten? Welche Nachfrage zeigt heilsames Interesse und Mitgefühl und welche löst im anderen Gefühle und Erinnerungen aus, die weder hilfreich sind, noch in ein nicht-therapeutisches Setting gehören?

Wenn jemand sich vorsichtig äußert, weiß ich erst einmal nicht, was der andere damit bezweckt: Möchte sie es erzählen, weil es ein Teil ihres Lebens ist und sie es nicht hinter Scham verborgen halten will? Braucht sie jemanden zum Reden, möchte sich anvertrauen, damit Heilung geschehen kann? Braucht sie nicht eher oder wenigstens auch therapeutische Unterstützung?

Und wenn ich mich darauf einlasse: Was geschieht dann? Wenn jemand sich mir anvertraut, baut sich eine Nähe auf und oft auch erst einmal eine Einseitigkeit: Die Betroffene steht mit ihrer Geschichte im Mittelpunkt. Möchte ich diese Nähe? Kann und will ich diesem Vertrauensangebot gerecht werden?

Ja, Gespräche und Beziehungen mit Betroffenen von Missbrauch haben oftmals ihre Schwierigkeiten, weil so viele Verletzungen geschehen sind, die diejenigen mit sich herumtragen. Und ja, aufgrund der erlebten Verletzungen können auch Worte und Gesten verletzen, die nicht verletzend gemeint waren.

Aber: Das wissen doch auch die Betroffenen! Sie wissen in der Regel um den Verletzungsrucksack, den sie mit sich tragen. Es ist nicht möglich, allen potenziell verletzenden oder triggernden Worten aus dem Weg zu gehen. Das ginge nur im Herausgehen aus der Beziehung – was wirklich verletzend wäre für die Betroffenen.

Also: Keine Angst vor Fehlern! Du kannst nicht darum wissen, was verletzt oder triggert und das ist auch nicht deine Aufgabe. Es kann sein, dass du Dinge sagst, die verletzen, oder Dinge nicht sagst, die hilfreich wären. Es kann sein, dass negative Emotionen im anderen hochkommen, weil darüber gesprochen wird. Wenn du dich das aber am laufenden Band fragst, wird es unnatürlich und du gehst in eine professionelle Rolle. Das ist aber nicht dein Job! Was wirklich hilft, ist ein echtes Gegenüber zu sein, jemand, der ehrlich und respektvoll mit der Betroffenen umgeht. Fehler sind kein Problem, solange man ein authentisches Gegenüber ist – dann spürt die andere, dass sie sagen kann, wenn ihr etwas nicht guttut. Du darfst Fehler machen! Wenn *ein* Fehler jedoch vermieden werden sollte, dann der der Unaufrichtigkeit. Unaufrichtiges Verhalten ist ein neuerlicher Vertrauensbruch. Lieber ehrlich von der Überforderung sprechen oder der Unbehaglichkeit mit dem Thema und deutlich machen, nicht die Richtige dafür zu sein, als einfach zu schweigen oder der Person aus dem Weg zu gehen, denn das verletzt sicherlich.

Die Sorge, Betroffenen nicht gerecht zu werden

Du wirst Betroffenen nie gerecht werden – und zwar in dem Sinne, als dass dein Verhalten plötzlich alle Wunden heilt. Und das ist auch gar nicht deine Aufgabe! Die Beziehungsverletzungen wirst du mit einem noch so überlegten Verhalten nicht einfach vergessen machen. Sie sind ein Teil der Betroffenen geworden, weil sie für kürzere oder längere Zeit das Leben geprägt haben. Vergessen zu machen, was war – das kann niemand und ist auch nicht zielführend. Was du jedoch tun kannst, ist dir dieser Verwundungen bewusst zu sein und die Beziehung so zu gestalten, dass kein erneuter Machtmissbrauch stattfindet – oder zumindest keiner, dem du dir bewusst bist.

Die Verantwortung für ihr Leben hat die Betroffene – nicht du! Und es ist auch gut, die Verantwortung bei ihr zu lassen. Das lässt sie die eigene Wirkmächtigkeit spüren. Es ist schön, wenn du da bist in Situationen, in denen Unterstützung guttut. Es ist heilsam, wenn du hilfst, die verdrehten Gedanken einer Realitätsprüfung zu unterziehen. Es ist wunderbar, wenn du ein Ort sein kannst, wo das damalige Leiden eine Rolle spielen darf. Und es ist unwahrscheinlich unterstützend, wenn du zeigst, dass du ihr Bestes möchtest und daran interessiert bist, was ihr guttut. Aber: Es tut auch nicht gut, wenn sie in eine Abhängigkeit zu dir gerät, weil sie endlich erlebt, dass es jemand gut mit ihr meint.

Im kirchlichen Kontext ist der Typus „hilfsbereiter Retter" häufig anzutreffen. Wie Jesus möchte man Barmherzigkeit leben, da sein für den Schwächeren, heilsam sein. Dann bin ich „eine gute Christin" oder „ein guter Christ". Diese Grundeinstellung ist auch wunderbar, doch wird sie manchmal zu einem Aktivismus, der die andere Person gar nicht mehr sieht.

Der barmherzige Samariter geht wieder weg, nachdem er den Beraubten gut versorgt weiß. Er hat alles getan, was ihm hilft, wieder auf die Beine zu kommen. Beim Wirt hinterlässt er, was es zur weiteren Pflege braucht, und sagt zu, noch einmal auf dem Rückweg vorbeizukommen. In der Zwischenzeit vertraut er darauf, dass der Überfallene gut klarkommt und sich erholt. Er bleibt nicht dabei, sondern vertraut darauf, dass seine Unterstützung ausreicht, um die Selbstheilungskräfte in Gang zu setzen.

Jesus heilt den blinden Mann nicht einfach, auch wenn er nach ihm schreit. Er fragt zunächst einmal: „Was willst du, dass ich dir tue?" Erst dann heilt er. Allein diese kleine Achtsamkeit der Frage verändert Machtverhältnisse und erhält die Selbstbestimmung des anderen. Es reicht völlig aus zu sagen: „Ich danke dir für dein Vertrauen, fühle mich aber auch ziemlich überfordert und weiß gar nicht, was ich sagen soll. Hast du eine Ahnung, was dir jetzt helfen würde?" So kann ein gemeinsames Überlegen beginnen und dem Betroffenen wird signalisiert, dass er gehört und wahrgenommen wurde, und dass das, was ihm geschehen ist, keine Kleinigkeit ist. Du musst niemanden retten: Betroffene wollen nicht gerettet werden, aber sie brauchen Personen, die ihnen glauben, und Orte, wo sie sein dürfen mit ihrer Geschichte. Also: Die Angst vor Überforderung ist ok, Missbrauch *ist* überfordernd. Aber es geht nicht darum, etwas zu leisten. Alles ist besser als nicht glauben oder schweigen. Unsicherheit ist in Ordnung und erkennt den Schrecken der Tat an.

5. Was wir von Betroffenen lernen können

Denkt man an Betroffene von Missbrauch, kommt einem zunächst das große Leid in den Sinn, das sie erleben mussten, und das ihr Leben in hohem Maße beeinflusst hat und noch immer beeinflusst. Mitleid ist wohl meistens das erste Gefühl, das sich meldet. Dieser Blick ist verständlich, doch verdeckt er oft auch die Fähigkeiten, die Betroffene zwangsläufig erwerben mussten. Viele Betroffene bevorzugen statt der Begriffe „Betroffene" oder „Opfer" den Begriff der „survivor": Überlebende. „Betroffene" klingt zunächst nüchtern: Von irgendetwas betroffen ist jeder. „Opfer" hält das „Opfer-Sein" aufrecht. Ja, rechtlich ist man zum Opfer geworden und doch hofft wohl jede, dass das „Opfer-Sein", auch von den Konsequenzen des Missbrauchs, aufhört. Die Macht möchte man dem Täter nicht weiterhin geben. „Survivor" rückt in den Mittelpunkt, dass die Betroffenen etwas Lebensbedrohliches *überlebt* haben. Sie wurden zutiefst verwundet und doch leben sie. Sie haben also eine Kraft in sich, trotz allem, was sie erleiden mussten, und allem, worunter sie noch leiden: Sie haben gelernt, unter seelenmörderischen Bedingungen zu überleben.

Schweigebruch als beste Prävention weiterer Taten

Unser Dank an die Betroffenen von Missbrauch im Rahmen der Kirche (und darüber hinaus) kann nicht groß genug sein: Ihr Schweigebruch ist – leider – die beste Prävention. Keine Präventionskurse und noch so geschulte Vorgesetzte können verhindern, dass Menschen zu Tätern werden. Sie können es erschweren – und das ist sehr gut! Aber wer Täter werden will, den halten auch Beichtzimmer mit Milchglastüren zum Schutz vor übergriffigem Verhalten nicht ab (so gut es auch ist, so viel Schutz wie möglich zu bieten). Großflächige Präventionskurse dienen dazu, dass das Tabu gebrochen wird und man um das Thema nicht mehr herumkommt. Ein Basiswissen wird aufgebaut und ein Wegsehen wird schwerer gemacht. Keine Maßnahme wird wohl jede Tat verhindern können. Doch schon ein noch so kleines Erschweren kann im Einzelfall jemanden schützen! Das Bewusstsein, wo Missbrauch anfängt und was Anzeichen an Schutzbefohlenen oder potenziellen Täterinnen sind, ist deutlich gestiegen. Was für ein Unterschied zu unserer Gesellschaft noch vor zwanzig Jahren!

Doch die größte Präventionsarbeit leistet das mutige Zeugnis Betroffener. Und ich mag es kaum so schreiben – denn es ist sicherlich nicht Aufgabe Betroffener, dass zukünftige Taten verhindert werden! Es sollte nicht so sein. Kirchlicherseits (wobei ich hier von der katholischen Kirche ausgehe – andere Kirchenformen sind anders organisiert) ist gute Prävention und Aufarbeitung Sache des Vatikans, der deutschen Bischofskonferenz, jedes einzelnen Bischofs. Und manche Bischöfe haben in den letzten Jahren auch dazugelernt und sind zu einer guten Präventionsarbeit und Aufarbeitung bereit. Doch in manchen Diözesen werden Betroffene nach wie vor allein gelassen und gemeldetes Fehlverhalten hat wenig Konsequenzen.

Für viele Betroffene sind es die mutigen Aussagen anderer Betroffener, die dazu führen, dass künftiger Missbrauch verhindert wird. In einem Fall habe ich erlebt, wie das mutige, offene Zeugnis eines Mannes drei weitere ermutigte, den erlittenen Missbrauch anzuzeigen. Wie viele Personen konnten so wohl geschützt werden? Oder die Anklagen gegen Rammstein-Sänger Till Lindemann: Eine Frau äußert sich im Mai 2023 und danach tauchen viele weitere Screenshots von WhatsApp-Verläufen nach ähnlichen Erfahrungen bei Konzerten auf. Wie viele junge Frauen wurden durch diese erste mutige Frau so davor bewahrt, dass ihnen bei Konzerten, auch möglicher anderer Stars, Ähnliches geschieht?

Der Schweigebruch Betroffener sorgt dafür, dass das Unaussprechliche einen Raum bekommt, nicht mehr ignoriert werden kann. Die Worte wurden schon einmal ausgesprochen. Man ist nicht mehr „die Erste/die Einzige“, die erzählt, dass ein Priester übergriffig wurde. Wir erleben gerade, wie die Präsenz des kirchlichen Missbrauchsskandals in den Medien dafür sorgt, dass nun im Sport und in der Kulturbranche das Schweigen ebenso gebrochen wird.

Wenn Täter nicht mehr davon ausgehen können, dass die Scham der Betroffenen zu groß ist, um sie zu verraten und dass nicht mehr aufgrund irgendeiner Machtposition eine mögliche Täterschaft ausgeschlossen wird, dann wird die Hürde höher.

Noch einmal: Es ist nicht Aufgabe Betroffener, durch ihre Statements weiteren Missbrauch zu verhindern und der Satz „Du hättest ja früher etwas sagen können“ ist immer fehl am Platz. Sich zu öffnen ist keine Kleinigkeit, sondern macht verletzlich. Wer teilt schon gern solch dunkle, belastende Momente? Und doch ist der Status quo, den wir momentan erreicht haben, zum größten Teil ihnen zu verdanken.

So viel Mut es kostet, seine Geschichte öffentlich zu machen: Nicht wenige Betroffene erfahren dadurch ein Stück neuer Selbstwirksamkeit, ein ermächtigendes Heraustreten aus dem Opfer-Schatten. Und nicht zuletzt helfen diese starken Menschen, das Vorurteil abzubauen, dass Missbrauchsopfer für ihr Leben so gezeichnet sind, dass sie „negativ auffallen“. Starke Menschen, wie ein Matthias Katsch, eine Johanna Beck oder eine Doris Reisinger zeigen, dass Missbrauchsbetroffene sein ganz und gar nicht gleichbedeutend damit ist, „das eigene Leben nicht in der Hand zu haben“. Sie sind für mich Zeugen und Zeuginnen einer Auferstehungswürde in uns Menschen – dafür dass, egal wie sehr die Seele zerstört und der Körper misshandelt wurde, auch wieder Heilung geschehen kann. Niemand ist verdammt in sein Schicksal hinein. So sehr erlebter Missbrauch beeinträchtigt und fürs Leben zeichnet – einmal Opfer werden bedeutet nicht, immer Opfer zu bleiben. So viel Arbeit es auch bedeutet: Es ist möglich, dass das Erlebte das Leben nicht verhindert, und manche Personen zeugen mit ihrer persönlichen Geschichte von einer unwahrscheinlichen Lebenskraft. Doch an dieser Stelle seien auch die vielen genannt, die ihren Schweigebruch nicht überlebt haben, die das Leben nicht mehr ausgehalten haben. Nicht jede Geschichte ist eine Geschichte von Auferstehungshoffnung.

Verständnis für Menschen mit traumatischen Erinnerungen

In meiner Zeit in der Klinikseelsorge durfte ich eine Frau kennenlernen, die im engen familiären Umfeld Missbrauch erlebt hatte und später auch in zwei Beziehungen. Um all das zu ertragen beziehungsweise auszublenden, hatte sie sich in den Alkohol geflüchtet. Es war ihre Strategie, den Schmerz zu lindern. Ein Jahr später sah ich sie zufällig wieder: Sie hatte den Alkohol überwunden und engagierte sich ehrenamtlich für Frauen mit Gewalterfahrungen. In all den Begegnungen konnte sie einen neuen Lebenssinn entdecken: Aufgrund der eigenen Erfahrungen hatte sie ein hohes Einfühlungsvermögen für die Frauen, denen sie begegnete. Sie fühlten sich von ihr verstanden und da sie wussten, dass sie eine eigene Geschichte mit sexualisierter Gewalt hatte, schämten sie sich bei ihr weniger, vom eigenen Schrecken zu erzählen. Für die Frauen war sie ein Vorbild, dass man es schaffen kann, aus der Gewaltspirale auszusteigen und sich von den Erinnerungen so weit zu befreien, dass ein erfüllendes und sinnstiftendes Leben wieder möglich ist. Ihr Selbstwertgefühl hatte sich erheblich erholt und sie ging zuversichtlich in die Zukunft.

Da traumatisierte Menschen den zerstörerischen Einfluss traumatischer Erinnerungen ebenso kennen wie das Leiden unter den manchmal irrational wirkenden Folgen, können sie andere Menschen anders verstehen als Nichtbetroffene. Wo von außen oftmals ein „Das ist doch ein total verdrehter Gedanke!" gespiegelt wird, können andere Betroffene nicht bei der Verdrehtheit der Gedanken hängen bleiben, sondern direkt weiter gehen zu den Auswirkungen, die diese Gedanken haben. Nicht, dass es nicht auch immer wieder hilfreich sein kann, auf die Verdrehtheit der eigenen Gedanken hingewiesen zu werden, aber manchmal tut es auch gut, Menschen um sich zu haben, bei denen man mit einem hohen Verständnis für die eigenen Gefühle und Gedanken rechnen kann.

Betroffene tun anderen Betroffenen häufig gut. Ich kann von mir selbst sagen, wie hilfreich es ist, sich mit Menschen zu unterhalten, die einen ähnlichen Erfahrungshorizont haben, mit denen man ein Stück Leidensgeschichte teilt. Es tut so gut zu hören: „Ja, genauso habe ich mich auch gefühlt! So ging es mir auch!" Solche Gespräche sind unwahrscheinlich heilsam für das Gefühl des Alleinseins, das der Missbrauch oft provoziert. Es tut gut, andere Menschen zu erleben, die es geschafft haben, aus ihrer Leidensgeschichte wieder in eine Lebensgeschichte hineinzukommen. Und es tut besonders gut, Menschen zu begegnen, die aus ihren Verletzungen heraus sogar Wunderbares entstehen lassen. Damit will ich auf gar keinen Fall den erlebten Missbrauch schönreden: Aber welchen wichtigen Beitrag zum Abbau von Macht leisten Menschen, die aufgrund eigener negativer Erfahrungen besonders darauf achten, in Verhalten und Worten nicht übergriffig zu werden?

Lernen von den Fähigkeiten traumatisierter Menschen

Aufgrund ihrer Leidensgeschichte haben Betroffene sich besondere Fähigkeiten aneignen müssen, damit sie gut durchs Leben kommen. Ihr Vertrauen wurde missbraucht und ihre Grenzen wurden ignoriert. Für die Zukunft mussten sie also Wege finden, mit dem Vertrauensmissbrauch umzugehen und sich zu schützen, damit es nicht noch einmal geschieht. Leider passiert es immer wieder, dass wer einmal zum Opfer wurde auch künftig wieder zum Opfer wird. Dahinter steht die starke Wirkung von frühen grenzverletzenden Erfahrungen: Wer im Kindesalter zum Opfer wird, der lernt früh, dass er es nicht wert ist, würdevoll behandelt zu werden und ist auch in Zukunft anfällig für Grenzüberschreitungen. Ist jedoch der Kreislauf einmal durchbrochen, haben Betroffene ein bemerkenswertes Feingefühl für bedrohliche Situationen.

So sind Betroffene besonders sensibel dafür, wenn unnötige und schädliche Macht ausgeübt wird. Sie merken oft schneller als andere, wenn jemand unehrlich ist und es ihm nur um den eigenen Vorteil geht. Wenn sie oft auch nicht ausdrücken können, was sich in ihnen meldet, werden sie aber auf Distanz gehen, sich unwohl in ihrer Nähe fühlen und vorsichtig sein. Natürlich gibt es manchmal auch eine noch nicht verstandene Vorsicht, die von Triggern herrührt, die mit der aktuellen Person nichts zu tun haben, zum Beispiel das Rasierwasser, das an den Täter erinnert, oder die Nase, die ähnlich geformt ist. Aber in den meisten Fällen, wenn die Vorsicht nicht abnimmt, tut es gut, sie ernst zu nehmen, da das Alarmsystem für potenzielle Übergriffe bei Betroffenen besonders gut ausgeprägt ist.

Auch haben Betroffene lernen müssen, wie sie mit verletztem Vertrauen ihre Wege gehen: Sie konnten sich nicht einfach so auf andere verlassen, mussten misstrauen, um nicht neu verletzt zu werden. Das bedeutet in Konsequenz: Sie mussten vieles allein angehen, vieles selbstständig in die Hand nehmen, wo andere sich gern auf andere verlassen. Zusätzlich ist oft so viel Selbstwert angegriffen worden, dass Betroffene anderen nicht zur Last fallen wollen, was das „lieber selber machen statt andere um Hilfe bitten“ noch erhöht.

Eine Ebene an Fähigkeiten ist die der ganz praktischen Fähigkeiten, die sich durch das Vieles-selbst-Aneignen ergeben, eine andere ist die des Nicht-angewiesen-Seins auf Personen, die mit Verantwortung für sie übernehmen. Positiv gesprochen mussten sie lernen, ohne äußere Bestätigung ihre Wege zu gehen. Bei der gefühlten ständigen Bedrohung von außen sind sie oft gezwungen, Sicherheit mehr in sich selbst zu gewinnen. Natürlich gelingt das nicht in jeder Situation. Wir bleiben immer ein Stück weit abhängig von der Bestätigung durch andere und dürfen dies auch sein: Bestätigende Rückmeldungen sind eben auch ein Geschenk. Betroffene haben dennoch oft Wege gefunden, ohne diese äußere und manchmal sogar innere Bestätigung auszukommen. Sie sind herausgefordert, nach der tiefer in ihnen liegenden Würde Ausschau zu halten.

Da das Alarmsystem bei Betroffenen immer auf Hochtouren läuft, um mögliche Gefahren zu bemerken, sind sie besonders sensibel für die Atmosphäre, die in einem Raum herrscht, und damit auch für die Bedürfnisse anderer. Sie spüren schnell, wer was braucht, sehnen sich nach einer guten Atmosphäre und sorgen so oft, sofern es in ihrer Macht steht, für eine Atmosphäre, die allen guttut. Sie bemerken besonders die, die nicht gesehen und beachtet werden, und sorgen dafür, dass sie eine Stimme bekommen. Und so stellen sie sich selten über andere, setzen sich nicht einfach durch, sondern suchen nach Wegen, wie jede zu ihrem Recht kommt.

Aufgrund des erlebten Vertrauensbruchs nehmen sie geschenktes Vertrauen besonders aufmerksam und dankbar wahr. Für sie ist es nicht selbstverständlich zu erleben, dass jemand gut mit ihnen umgeht, und das schätzen sie wert. Während andere es als gegeben hinnehmen, in vertrauensvollen Beziehungen zu leben, sind sie sich bewusst, was für ein Geschenk dies ist. Dass Vertrauen nicht einfach da ist, sondern ein hohes Gut, das können wir von ihnen mit aller gebührenden Dankbarkeit lernen.

Zusammenfassend können wir von Betroffenen lernen, Grenzen wahrzunehmen und zu achten, eine Sensibilität für eine Atmosphäre und die Bedürfnisse anderer zu entwickeln, Vertrauen als Geschenk anzusehen, das entsprechende Erfahrungen braucht, und einer guten Lebenskraft zu trauen, auch wenn die äußere und innere Bestätigung fehlt.

Das alles mag jetzt manchem zu positiv klingen. Und das ist es bei vielen Betroffenen auch: Es gibt die, die aus den Folgestörungen ihr Leben lang nicht herauskommen, deren Leben überschattet ist vom Leiden, und auch jene, die so daran verzweifeln, dass sie sich das Leben nehmen. Nicht jeder und jedem ist es möglich, aus dem Leiden herauszutreten oder gar etwas Konstruktives und Lebensförderndes daraus zu entwickeln. Nicht jeder entwickelt eine Trotzmacht, die am Leben hält. Bei manchen war der Seelenmord so umfassend, dass sie nur noch eine Chance sehen: das Leiden selbst zu beenden. Reden wir von posttraumatischen Fähigkeiten, dann sollten wir die nicht vergessen, die so Schlimmes erlebt haben, dass ihnen das nicht möglich war.

Aber: So viele haben den Missbrauch überlebt – und das zeugt von vielen Fähigkeiten; und wenn es „nur" die ist, sich Hilfe zu holen. Dieser Blick auf die Selbstheilungskräfte Betroffener geht oft verloren, wenn wir dem Leid begegnen. Vielleicht ist das manchmal sogar gut, um nicht in ein „dann ist's ja nicht so schlimm" zu verfallen. Und doch ist es gut, Betroffene immer wieder auch als Menschen mit hohen Überlebenskräften zu sehen – starke Menschen, die in unerträglichem Leid nicht stecken bleiben, sondern in aller Dunkelheit sich von einem Funken Hoffnung tragen lassen.

6. Voraussetzungen, damit das Schweigen gebrochen werden kann

Es erfordert viel, damit jemand das Schweigen brechen kann. Das Tabu wirkt in der Regel nachhaltig, das Schweigen ist nach dem direkten oder indirekt vermittelten Schweigegebot zur Gewohnheit geworden und es besteht eine große Angst vor neuen Verletzungen. Über den Missbrauch zu sprechen oder einen Täter anzuzeigen, erfordert großen Mut: Was, wenn man mir nicht glaubt? Was, wenn der Täter leugnet und mich bloßstellt? Was, wenn mich das Erzählen zu sehr erinnert? …

Und doch hilft es vielen Betroffenen, wenn sie nicht im Schweigen bleiben. Selbst wenn es nur eine andere Person weiß – das Reden bannt die Macht des Täters oft ein wenig. Man bleibt nicht mehr in seinen Gewaltschlingen gefangen, auch wenn es emotional noch ganz schön lange dauern kann. Obwohl es durch und durch unbegründet ist: Lange bleibt bei vielen Betroffenen noch ein Schuldgefühl, das Schweigen gebrochen zu haben, selbst wenn man rational weiß, dass es dafür keinen Grund gibt und Schuld und Scham auf die Seite des Täters gehören und nicht auf die des Betroffenen.

Gerade dann, wenn eine Tat lange her ist, das Opfer nicht mehr alle Einzelheiten weiß oder die Tat lange verdrängt hat und nun erst wieder erinnert, fällt es schwer, davon zu erzählen: Was, wenn man mir nicht glaubt, weil es nicht logisch wirkt? Wenn man sich wundert, warum ich so lange nichts gesagt habe? Manchmal braucht es Monate, manchmal Jahre, manchmal Jahrzehnte, um sich sicher zu fühlen. Manchmal braucht es das Wissen um ein zweites Opfer, das sich geäußert hat, manchmal ausreichende räumliche Distanz, manchmal sogar den Tod des Täters. Ein spätes Öffnen ist kein Grund, Unglaubwürdigkeit zu vermuten, und verdient nicht Misstrauen, sondern besondere Wertschätzung: Wie muss es jemandem gehen, der lange etwas geheim hält und sich dann das erste Mal reden hört? Oder jemandem, der gerade erst erkannt hat, was ihm geschehen ist, und so beginnt zu verstehen, warum er sich manchmal so sonderbar verhält, unerklärliche Ängste hat?

Die meisten Betroffenen werden genau auswählen, wem sie ihre Geschichte erzählen, bei wem sie sich sicher genug fühlen. Ich erinnere mich an eine Frau, die immer wieder nach Gottesdiensten das Gespräch über Belanglosigkeiten mit mir suchte. Es dauerte einige Wochen, bis sie mir von ihrer Geschichte erzählte. Nach einem zweiten Gespräch vertraute sie mir dann auch die Gründe ihres Wartens an: „Ich musste erst wissen, ob Sie wirklich zuhören. Und vor allem: ob Sie das Leiden aushalten. Ich habe in Gemeinden so viele Menschen erlebt, die so nach Harmonie streben, dass nichts die gute Stimmung stören darf. Davor hatte ich Angst."

Eine Sprache, in der das Leiden einen Ort hat

Betroffene versuchen in der Regel erst jemanden kennenzulernen, bevor sie sich äußern. Sie testen vor: Ist der andere vertrauenswürdig? Fühle ich mich bei ihm wohl? Könnten Grenzen überschritten werden? Die genannten Fragen würden die Personen vielleicht nicht so klar formulieren. Aber zumindest unbewusst spielt ihre Beantwortung eine Rolle dafür, ob man sich sicher genug fühlt, um sich zu öffnen.

Einladend wirkt vor allem eine Sprache (und auch ein Verhalten), in der das Leiden Raum findet. Erzähle ich in Gottesdiensten von Leidensgeschichten oder benenne solche in der Predigt, kann ich fast damit rechnen, dass jemand mir im Nachhinein die eigene Leidensgeschichte anvertraut. Wenn ich schon einmal gehört habe, dass der andere sich um unangenehme Themen nicht herumschlängelt, sondern sie ausspricht, und wenn ich gespürt habe, dass Leid nicht weggebetet oder verbannt wird, sondern auch ohne Lösung oder Antwort sein darf, fasse ich Vertrauen.

Ich erinnere mich noch gut an Exerzitien, in denen ich mich sehr belastende Themen in die Beichte hineinnehmen wollte: Ich sehnte mich nach Aussprechen und Neuanfang. Mit dem Kennenlernen des Priesters jedoch verflog der Gedanke sehr schnell – kleinste Andeutungen, dass etwas nicht perfekt war, ließ er nicht stehen, sondern wischte sie weg.

„Haben Sie gut geschlafen?"

„Nein, nicht so gut – aber das kenne ich. Eine erste Nacht an einem fremden Ort lässt mich selten gut schlafen."

„Dann ist ja alles gut! Und haben Sie gut in die Stille gefunden?"

„Es ist noch ganz schön laut in mir. Ich bin noch nicht angekommen, merke aber, dass ich mich schon ganz schön unter Druck setze. Ich sehne mich so nach der Stille, aber in meinem Kopf sind lauter Alltäglichkeiten, die mir zusetzen."

„Ja, das macht ja gar nichts, es ist ja Zeit. Genießen Sie das gute Essen und die schöne Natur."

Vielleicht war das alles nett gemeint von ihm. Auf mich hat es jedoch ausgestrahlt: Unangenehmes darf nicht sein – und wenn schon eine schlecht geschlafene Nacht und Unruhe nicht sein dürfen, wie ist es denn dann mit wirklich bedrängenden Vergangenheitsdämonen?

Wie wäre es für mich gut gewesen? Vielleicht so:

„Haben Sie gut geschlafen?"

„Nein, nicht so gut – aber das kenne ich. Eine erste Nacht an einem fremden Ort lässt mich selten gut schlafen."

„Oh, dann sind Sie nun bestimmt erschöpft. Hoffentlich wird die nächste Nacht besser. Konnten Sie dann überhaupt in die Stille finden?"

„Es ist noch ganz schön laut in mir. Und das Erschöpft-Sein sorgt mit dafür, dass ich mir Druck mache: Ich habe nur die paar Tage und ich brauche sie so dringend und erwarte so viel von ihnen. In mir rumort so manches. Ich bekomme es gar nicht richtig sortiert und das macht mich zusätzlich unruhig."

„Möchten Sie all das alleine sortieren oder mit mir gemeinsam? Oder braucht es noch etwas anderes, bevor das geht? Stille kehrt wahrscheinlich erst ein, wenn sich der Sturm ein bisschen legen kann. Wissen Sie schon, wie das geschehen könnte?"

Ein Ernstnehmen meiner kleinen Andeutungen hätte mir sehr geholfen, die großen Themen anzusprechen. Stattdessen war nach dem ersten Gespräch klar: Ich probiere, mich darauf einzulassen, aber ich glaube nicht, dass diese Begleitung für mich hilfreich wird. Und so blieb es auch. Ich unternahm noch zwei Versuche, bis ich es aufgab. Schade.

Mein Leid kann ich am besten Menschen anvertrauen, die ausstrahlen, dass sie nicht die Glücksüberflieger sind. Mir tun Menschen besonders gut, die von eigenem Leidvollen erzählen können, die Raum geben für Leidvolles. Menschen, für die nicht alles gut sein muss, die keine vorschnellen Lösungen geben, sondern Ungelöstes aushalten. Menschen, die Erfahrungen mit Schattenseiten haben und sie nicht wegreden oder verstecken. Menschen, die sich von Dunkelheiten nicht bedroht fühlen. Und am besten kann ich mich Menschen anvertrauen, die zwar Erfahrungen mit Leidvollem haben, aber gleichzeitig auch einen Weg heraus gefunden haben oder dabei sind, nach Wegen zu suchen. Menschen, die das Leid ernst nehmen, aber unter dem Vorzeichen der Hoffnung.

Was hilft mir, Leiden auszuhalten, mich Dunkelheiten auszusetzen? Die Erfahrung, dass es Wege heraus gibt, dass es besser werden kann. Dass der Tod nicht das letzte Wort hat, sondern ich mich von einer Auferstehungshoffnung getragen wissen darf. Jesus selbst hat schlimmstes Leid erfahren. Aber das Gefühl der Verlassenheit ist nicht sein letztes Wort. Das Leben hat das letzte Wort. Diese Hoffnung brauche ich: dass das Leben letztlich stärker ist als alle Zerstörung. Das macht es mir möglich, der Zerstörung zu begegnen.

Wenn ich Angst vor herausfordernden Gesprächsinhalten habe und es für meine eigene emotionale Stabilität brauche, überall das Positive zu sehen, dann strahle ich das auch aus. Betroffene haben einen guten Sensus für die Atmosphäre, mit der jemand unterwegs ist. In der Regel spüren sie, wer in der Lage ist, mit schwierigen Inhalten umzugehen und wer nicht. Dennoch kommt es häufig genug vor, dass Angesprochene nicht in der Lage sind, damit umzugehen und dann verstummen.

„Was ich geben kann, genügt"

Was kann helfen, um nicht zu verstummen? Zunächst einmal vielleicht folgender Gedanke: Betroffene wählen in der Regel gut aus, wem sie sich anvertrauen. Und wenn du ausgewählt wurdest, dann hat ein Betroffener Fähigkeiten in dir gesehen, warum er sich an dich wendet. Er hatte genügend Sicherheit, um das Gespräch zu suchen und traut dir zu, entsprechend zu reagieren.

Hilfreich kann es auch sein, die gefühlten mit den realistischen Erwartungen Betroffener abzugleichen. Was stellst du dir vor, was Betroffene von dir erwarten? Dass ihr Leiden damit aufhört? Dass es damit „gut“ ist? Dass sie „gerettet“ werden und mit dem Gespräch ein neues Leben beginnt? Dass du von dann an immer für sie da bist? Ja – solche Erwartungen würden mich auch zum Verstummen bringen. Wenn man das so liest, müsste allerdings schnell klar sein, dass solche Erwartungen sicherlich nicht existieren. Doch die tiefe Sehnsucht, dass niemand Missbrauch erlebt beziehungsweise dass Betroffene zumindest schnell wieder aus den Folgen herausfinden, führt unbewusst manchmal zu eigenem Retter-Druck: Da muss man doch was machen!

Doch welche Sehnsucht haben Betroffene tatsächlich? Diese Sehnsucht ist viel bescheidener: Dass man ihnen zuhört, dass man bereit ist, ihnen zu glauben, dass man ihnen nicht die Schuld gibt an dem, was ihnen widerfahren ist. Und das war es auch schon. Mehr ist gar nicht verlangt. Du musst keine besonderen Gesprächsführungsqualitäten haben, auch keine Lösungen, und auskennen musst du dich in dem Bereich auch nicht. Es genügt zu bleiben und mit dem Betroffenen auszuhalten, so gut es geht.

„Es kann sein, was nicht sein darf!“

Ein großes Problem im kirchlichen Umgang mit Missbrauch ist das große Tabu, dass Menschen zu Tätern geworden sind, die als sakrosankt galten oder wenigstens sehr anerkannt waren. Priester, die oft verehrt wurden wie Götter auf Erden, die für so viele Vorbild waren, haben anderen erheblichen Schaden zugefügt. Viele Täter sind sehr charismatische Persönlichkeiten, die für einen großen Personenkreis in ihrer Glaubensentwicklung hilfreich waren. Sie haben Heimat in Glaubensfragen gegeben, wirkten überzeugend und zugewandt, oft waren sie Hoffnungsbilder der Kirche. Diese positive Seite macht es schwer, das Unheil anzuerkennen: „Wenn derjenige auf mich doch einen positiven Einfluss hatte …"

Ich habe letztens erst im Bekanntenkreis erlebt, wie der Missbrauch durch einen gut bekannten Priester von einigen geleugnet wurde: „Das kann nicht sein! Man spielt ihm da nur übel mit. Das wird nur behauptet, weil gerade so viel in den Medien ist." Aus drei unterschiedlichen Kreisen kamen die Meldungen, aber: „Da haben andere nur auf die erste Meldung aufgesattelt, weil sie wichtig sein wollten!" Wer bitte erzählt von Missbrauch, nur um wichtig zu sein? Aber – was nicht sein darf, das darf eben nicht sein. Gerade dann, wenn verlangt ist, noch einmal neu auf die eigene Vergangenheit zu schauen. Wenn von einem großen Vorbild, einem wichtigen Wegbegleiter plötzlich eine zerstörerische Seite bekannt wird, braucht es Kraft und Mut, diese Wirklichkeit anzunehmen.

Es kann sein, was nicht sein darf. Wir haben es nun oft genug gehört. Was alles möglich ist, das erschreckt. Ich merke selbst, dass ich im Kontext rituellen Missbrauchs oft zusammenzucke und es mir nicht vorstellen kann/möchte. Als eine erste Person sich mir anvertraute und davon berichtete, was ihr und anderen organisiert und ritualisiert angetan wurde, gab es auch in mir den „Das kann nicht sein!"-Moment. Alles, was sie erzählte, fand ich zu schrecklich. Ich wollte ihr nicht glauben müssen, merkte, wie sehr ich innerlich auf Abstand ging. Doch sie war absolut glaubwürdig, wie sich herausstellte. Und ich bemerkte beschämt, wie sehr ich aufpassen muss, dass ich nicht selbst in ein „Das kann ich mir nicht vorstellen" verfalle. Das hatte die Frau oft genug erlebt und litt sehr darunter. Lange Jahre hatte sie abgeschwächt, was ihr geschehen war, weil sie genau wusste, dass man ihr sonst nicht glauben würde. Erst als ein zweites Opfer bereit war zu reden, konnte auch sie das ganze Unheil ausdrücken.

Es ist wesentlich leichter, sich auf die Seite der Täter, als auf die der Opfer zu schlagen: Die Täter verlangen erst einmal nicht mehr, als dass weggesehen wird. Ignorieren und Untätigkeit genügen ihnen. Das Böse nicht sehen zu wollen, ist tief in uns verankert, da es uns besser geht, wenn wir uns mit positiven Dingen umgeben. Wenn ich mich auf die Seite der Betroffenen stelle, dann ist mehr verlangt: Empathie, Aushalten von Schmerz, Gerechtigkeit schaffendes Handeln.

Ja, leider kann sein, was nicht sein darf. Leider gibt es nichts, was es nicht gibt: Frauen oder Kinder als Täterinnen und Täter zum Beispiel. Oder jahrelang anhaltender Missbrauch unter dem Deckmantel „Gottes Liebe weiterzugeben". Oder eben ganze Systeme von Missbrauchenden, die Opfer weiterreichen. Es ist gesund, dass wir uns das alles nicht vorstellen können und wollen. Und das muss ich auch nicht verleugnen. Aber wenn ich dafür offen bin, dass sogar Schlimmeres geschehen kann, als ich es mir vorzustellen vermag, ermöglicht das Betroffenen, mit ihrem Leid nicht allein bleiben zu müssen.

7. Der Moment, in dem sich jemand öffnet

… verdient zunächst einmal höchste Wertschätzung. In der Regel herrschten Schweigegebote und ein tiefes Abhängig-Machen und dann auch Abhängig-Halten des Betroffenen, damit der Missbrauch überhaupt möglich wurde. Aus diesem Machtkonstrukt herauszusteigen, kostet großen Mut. Manchmal liegt die Tat sogar Jahrzehnte zurück. Manchmal beginnt jemand zu reden und weiß selbst noch gar nicht, wohin das führen soll. Es ist in jedem Fall ein erster – und wohl der bedeutendste – Schritt heraus aus dem Opfer-Sein. Ein Schritt, der nach großem Applaus verlangt. Man kann nicht oft genug die Person für ihren Mut bewundern. Denn in dem Moment wird sie sich selbst wahrscheinlich eher ängstlich und schuldig fühlen: Was passiert jetzt? Wenn ich das alles falsch einsortiere? Wenn man mir nicht glaubt oder mich für schuldig hält, nach dem Motto: „Dann hast du ihn wohl aufgereizt!"?

Erzählt mir jemand von erlebtem Missbrauch und öffnet sich, dann stoppe ich an der Stelle tatsächlich, bevor derjenige beginnt detaillierter zu erzählen: „Haben Sie schon einmal darüber gesprochen? Das ist so mutig! Ich gratuliere: Auch wenn es sich vielleicht nicht so anfühlt, das ist ein richtiger Befreiungsschritt. Lassen Sie das ruhig einen Moment bei sich ankommen: Der größte Schritt ist geschehen!"

Viele sind innerlich so aufgeregt, dass sie den Mut gar nicht spüren, sondern nur die Anspannung. Ein „Das ist mutig und ein großer Schritt!" hilft ein wenig, von der Angst wegzukommen und hineinzukommen in Wertschätzung für das, was schon geht. Es stellt die Kraft des Betroffenen und nicht seine Sorgen in den Mittelpunkt.

Lieber „falsche" Worte als keine

Worte können ungeschickt oder wenig hilfreich sein. Was aber wirklich nicht hilft, ist das Thema totzuschweigen, wenn es angeboten wurde.

Die zwei schlimmsten Reaktionen, die ich erlebt habe, waren: „Der? Das kann ich mir nicht vorstellen!“, und: ein komplettes Schweigen. „Das kann ich mir nicht vorstellen!“ war schwierig, konnte sich aber klären, zeigte es doch vor allem die eigene Überforderung, gängige Bilder zu überschreiben. Wir blieben im Gespräch.

Mit dem Schweigen konnte ich viel weniger anfangen. Ich erzählte im Kreise anderer hauptamtlich Pastoraler von Workshops zum Umgang mit Betroffenen sexualisierter Gewalt. „Wie kommt man denn darauf? Ist ja schon ein schwieriges Thema“, wurde ich gefragt. „Naja“, sagte ich ehrlich, „ich würde es nicht tun, wenn ich nicht einen eigenen Hintergrund hätte und selbst von Missbrauch betroffen wäre. Das gibt ein bisschen Sicherheit im Umgang mit dem Thema.“ Es folgte komplettes Schweigen. Viel hätte es nicht gebraucht. Das war keine Situation, in der ich mich anvertrauen wollte, und ich war schon fortgeschritten im Umgang mit der eigenen Geschichte. Und doch hat es mich sehr irritiert. Ein „Ach, ja, dann kann ich verstehen, woher dein Engagement kommt“, oder „Bestimmt auch nicht ohne, sich dann immer wieder mit dem Thema zu beschäftigen“ hätte komplett gereicht, mehr braucht es nicht.

Aber das Schweigen ließ mich beschämt zurück. Hatte ich zu viel „verraten“? Welches Bild hatte man jetzt wohl von mir? Es brauchte einen Moment, bis sich danach mein Unverständnis meldete: Alle seelsorglich tätig – und dann völliges Schweigen.

Ja, sicherlich waren sie in dem Moment hilflos, wie man nun am besten reagiert. Jeder hatte wahrscheinlich gehofft, dass ein anderer etwas sagt. Und jeder hatte vielleicht sogar die Befürchtung, dass die eigene Antwort von den Kollegen kritisch beäugt werden könnte. Vor lauter Angst oder Unwohlsein, etwas falsch zu machen, blieb ein Schweigen, das mich ratlos und beschämt zurückließ, obwohl die Öffnung für mich keinen großen Stellenwert hatte.

Ich habe auch nicht immer die richtigen Worte, schätze sicherlich immer wieder Situationen falsch ein. Mir ist es selbst so ergangen, dass mir jemand, den ich aus unterschiedlichen Kontexten kannte, einmal in der Bahn davon erzählte, dass ein Bekannter von einem Priester missbraucht worden sei. Ich hielt es für Smalltalk, war müde und entsprechend im Gespräch wenig engagiert. Dass hinter dem Smalltalk mehr steckte, merkte ich nicht an diesem Tag. Und doch unternahm die Person ein paar Wochen später einen zweiten Versuch, um vom eigenen Missbrauch zu erzählen. Er sagte: „Der Ton, wie Sie gesagt haben: ‚Es ist einfach nur schrecklich, wie missachtend Menschen bereit sind, die Würde zu zerstören', der hat mir gezeigt, dass ich mit Ihnen reden kann." Ich hatte nicht einfühlsam nach dem Bekannten gefragt, wie es ihm heute geht, wie er da herausgekommen ist etc. Aber – immerhin hatte ich nicht geschwiegen. Mehr brauchte es nicht für einen zweiten, mutigen Versuch.

Falsche Worte können vieles blockieren oder verhindern. Man kann eine einladende Gesprächsatmosphäre aufbauen oder eine, die dem Betroffenen das Reden noch erschwert. Aber wenn du auf die Reaktionen des anderen achtest, wirst du spüren, wenn Worte komisch angekommen sind und kannst nachfragen und die Irritation klären. Auch „falsche" Worte bleiben meist in der Beziehung. Keine Worte hingegen brechen die Beziehung ab.

Jede Person ist anders

Du kannst gar nicht alles richtig machen, weil alle Menschen unterschiedlich sind. Dem einen tut eine Nachfrage gut, die andere ist froh, wenn das Thema schnell wieder fallen gelassen wird. Einem tut es gut, über die Tat zu sprechen und auch immer wieder darüber zu sprechen, weil ihm das hilft, sich von ihr zu distanzieren und zu befreien. Für die andere ist die Frage zu intim oder der Wunsch, einen Schlussstrich zu ziehen, größer.

Auch der Einfluss des Missbrauchs auf das Leben ist unterschiedlich: Es gibt Betroffene, die führen nach außen ein völlig normales Leben – guter Job, in einer Beziehung, Kinder, Hobbies. Anderen merkt man schnell an, dass sie unsicher sind in Beziehungen. Und wieder andere sind durch die Tat so tief verletzt worden, dass sie sich in Süchte flüchten, keinem geregelten Job nachgehen können und ihre Beziehungen misslingen.

Und auch, welche Tat was auslöst, ist unterschiedlich: Nicht jede Tat hat den gleichen Einfluss und jede Person hat einen anderen Umgang mit dem Erlebten. Was alle eint: Jeder und jede ist tief verletzt worden – in der Missachtung körperlicher Grenzen und im Vertrauen.

Aber mit den Verletzungen gibt es so viele verschiedene Umgangsarten, wie es Betroffene gibt.

Diese Unterschiedlichkeit zeigt: Ich kann es nicht verhindern, in Fettnäpfchen zu treten. Was jedoch hilft: nicht pauschalisieren. Statt zu sagen: „In die Sauna möchtest du bestimmt nicht mitkommen wegen deiner Geschichte", lieber erst einmal fragen: „Ich kann mir vorstellen, dass manche Betroffene nicht gerne in die Sauna gehen. Wie ist es denn bei dir?". Ein Nachfragen ist eine Einladung, „Nein" sagen zu können oder auszudrücken, was in der Situation helfen kann. Es kann als sehr hilfreich und wertschätzend erlebt werden, aber auch als sehr herausstellend, wie ein Reduziert-Werden auf die Geschichte des Missbrauchs. Auch da hilft: Fragen! „Möchtest du, dass ich dich in solchen Fällen frage, ob das für dich geht oder fühlst du dich schlecht damit und sagst stattdessen von dir aus, wenn etwas nicht geht?"

Mir ist es bei einer Bekannten, von der ich wusste, dass soziale Zusammenkünfte sie stressen, selbst passiert, dass ich aus Rücksichtnahme immer wieder vorher fragte: „Ist das ok für dich?" – „Wenn es dir zu viel wird, dann gib mir ein Zeichen. Wir können dann auch gehen." – „Sollen wir lieber was anderes machen? Das wäre auch ok!" Irgendwann schaute sie mich an und meinte: „Das ist voll nett, dass du immer fragst. Aber gleichzeitig komme ich mir dann total blöd vor – als würde ich Dinge einschränken und als würde es nur nach mir gehen. Ich weiß, dass das für dich auch absolut in Ordnung ist, aber mir geht's blöd damit." So fanden wir eine gemeinsame Lösung: Ihr reicht die Zusage, dass wir nicht diskutieren, wenn sie „Nein" sagt. Ich frage nicht vorab, aber ein „Nein" wird ohne großes Gerede akzeptiert. So fühlt sie sich sicher und gleichzeitig hat sie nicht ständig eine Sonderrolle. Zu viel Vorsicht ist also auch oft nicht der beste Weg.

Neben dem Fragen hilft am meisten, mehr im anderen zu sehen als die Betroffenheit von Missbrauch. So bleibe ich offen für die vielfältigen Facetten der Persönlichkeit. Und je mehr unterschiedliche Charakterzüge ich entdecke, umso weniger stecke ich die Person in Schubladen.

Achtsamkeit für die Begriffe, die verwendet werden

Eine erste Frage ist oft schon: Rede ich von Missbrauch, sexualisierter Gewalt, von Vergewaltigung oder von Übergriffen? Was ist richtig? Betroffene werden sich häufig vorsichtig an das Thema heranwagen, aus Angst vor Aussagen wie: „Aber das ist doch noch keine sexualisierte Gewalt" oder „Wenn du nicht Nein gesagt hast, dann ist's doch keine Vergewaltigung, oder?". Viele sprechen erst mal von „ist mir zu nahegekommen", „hat mich berührt, wie ich es nicht wollte", „ist übergriffig geworden" oder „hat mir was angetan". Diese vorsichtige Wortwahl ermöglicht es Betroffenen, sich aus dem Gespräch zurückzuziehen, wenn sie sich mit dem Öffnen doch unwohl fühlen. Sie können sich langsam vorwagen und zurückziehen, wenn sie sich nicht gehört fühlen.

Sicherlich tut es Betroffenen gut, wenn klare Begriffe genutzt werden und das Unrecht benannt, statt hinter umschreibenden Ausdrücken versteckt und damit tabuisiert wird. Es tut gut, wenn klar gesagt wird: „Das ist Missbrauch!" oder „Das war eine Vergewaltigung!". Die Worte machen klar, dass es Unrecht war und ihnen etwas geschehen ist, was objektiv schlimm, zerstörerisch und vor allem auch strafbar ist. Und doch löst es viel in Betroffenen aus, wenn sie diese Worte das erste Mal ausgesprochen hören. Mit den Worten rutscht das Geschehene im Bewusstsein noch eine Ebene tiefer in der Verarbeitung. Damit können aber auch Schuld- und Schamgefühle ausgelöst werden, weil das Schweigegebot nicht nur gebrochen, sondern mit strafrechtlichen Begriffen beantwortet wird.

Im professionellen seelsorglichen und therapeutischen Kontext ist es wichtig, Worte für das Geschehene zu finden. Da mit Worten jedoch viel ausgelöst werden kann, ist es im privaten Kontext empfehlenswert, bei den Begriffen zu bleiben, die die Betroffenen nutzen. Ich muss mich nicht perfekt mit den richtigen Begriffen auskennen. Wichtiger ist das Herausstellen, dass das, was geschehen ist, Unrecht ist. Das reicht vollkommen aus.

Ich erinnere mich an eine Frau in einem Beerdigungsgespräch, die mir vom „übergriffigen" Verhalten ihres verstorbenen Mannes erzählte. Immer wieder nutzte sie Ausdrücke wie „hat nicht auf mich gehört", „war gewalttätig", „er hat sich genommen, was er wollte". Ich bestätigte ihre Begriffe, machte deutlich, dass das Unrecht war, dass es schlimm ist, was er ihr so lange angetan hat und dass sie sicherlich sehr darunter gelitten hat, wie er mit ihr umgegangen ist. Dabei beließ ich es. Im Kontext des Todes musste ich nicht den Begriff „Vergewaltigung in der Ehe“ oder „Missbrauch“ ins Gespräch bringen.

Es kam dann aber noch zu einem Gespräch drei Wochen später. Sie wollte noch einmal mit mir sprechen, immer wieder kreiste sie um die gleichen Begriffe wie aus dem ersten Gespräch. Irgendwann merkte ich: Sie braucht jemanden, der die Worte ausspricht, der deutlicher wird. „Er hat Ihr ‚Nein‘ missachtet. Er hat Sie vergewaltigt.“ Sie schaute mich an, die Tränen flossen nur so. „Ja, er hat mich vergewaltigt.“ Bestimmt zehnmal wiederholte sie den Satz. „Endlich konnte ich es einmal sagen.“ Im Anschluss unterstützte ich sie, eine therapeutische Begleitung zu finden, um das jahrelange Martyrium hinter sich zu lassen. Für sie war es wichtig, die „richtigen“ Begriffe zu hören. Im ersten Gespräch wäre es aber sicherlich zu früh gewesen, um auch die Beerdigung zu überstehen.

Was unbedingt vermieden werden sollte, sind vorsichtigere Worte als die, die die Betroffenen nutzen. Wenn jemand von Missbrauch spricht, dann selbst nur von „Grenzverletzungen“ zu sprechen oder wenn jemand von Vergewaltigungen spricht, es selbst als „Übergriffe“ zu benennen, wirkt auf Betroffene verharmlosend und entmutigend. Und dafür ist es dann doch gut, über die Begrifflichkeiten ein wenig Bescheid zu wissen. Doch, wie gesagt: ruhig bei den Begriffen bleiben, die die Betroffenen nutzen!

Wertschätzung für die Öffnung

Jede Öffnung, sei sie noch so vorsichtig, auch schon kleine Andeutungen, verdient Wertschätzung. Jemand, der zutiefst verletzt wurde, macht sich neu verletzbar. Er wagt neues Vertrauen und tritt heraus aus der Opferrolle. Hier ist Hochachtung angebracht.

„Danke, dass du mir davon erzählt hast. Das ist nicht selbstverständlich. Ich fühle mich geehrt.“ So oder so ähnlich reagiere ich meistens, wenn mir jemand von seiner Leidensgeschichte berichtet. Als Reaktion bekomme ich fast immer ein großes Strahlen, weil in dem Dank Wertschätzung für die eigene Leidensgeschichte transportiert wird. Es ist nicht alltäglich, dass jemand einem anderen Menschen tiefe Seelenschmerzen anvertraut. Und das verdient eine entsprechende Reaktion.

Mich berührt es, wenn jemand nicht mehr allein bleiben möchte mit den eigenen dunklen Seiten, sondern den Schmerz ein Stück weit teilen will, um wieder Raum für Lichtblicke zu schaffen. Das Schweigen brechen, das ist ein wahrer Lichtblick! Ein heiliger Moment. Wie es ein Leben vor und nach dem Missbrauch gibt, so auch eines vor und nach dem Offenlegen.

... ohne in Panik zu verfallen

Die Wichtigkeit dieses Momentes und das Wissen darum, dass ein Versuch des Öffnens oft schiefgeht (wie bereits erwähnt, braucht es in der Regel sieben Versuche, bis man auf offene Ohren stößt), können schon Druck machen. Ich weiß noch, wie es mir bei der ersten Person ging, die mir ihre Geschichte anvertraute. Ich vergaß zwischendrin fast das Atmen vor lauter Anspannung und dem gleichzeitigen Spüren der Wichtigkeit des Momentes. Völlig unfähig, richtig zu reagieren, kam ich mir vor. Ich war noch keine Seelsorgerin, sondern Studentin. Es war spürbar: Das ist jetzt richtig wichtig, ein Moment, an den sich beide wahrscheinlich noch lange erinnern werden. Und gleichzeitig kam ich mir so überfordert und unfähig vor. „Was muss ich jetzt tun?“, hämmerte es in mir. Sie war es letztlich, die mich runterregulierte: „Das tat so gut, es einmal zu sagen, ich bin dir richtig dankbar. Danke, dass du mir zugehört hast.“ Ich konnte spüren: Um mehr geht es gerade auch gar nicht. Sie war froh, den Mut gefunden zu haben und nicht mehr allein mit ihrer Geschichte zu sein. Und ich konnte meine Überforderung wegschicken und mit ihr auf ihren Mut anstoßen.

Es gibt keinen Grund zur Panik. Es ist ein besonderer und auch herausfordernder Moment. Doch die Person hat wesentlich Herausforderndes erlebt! Ein nicht perfektes Gespräch hält sie aus. (Was natürlich überhaupt nicht ausschließt, den eigenen Teil dazuzugeben, damit es eine positive Erfahrung wird.) Die Nervosität und Unfähigkeit dürfen auch ruhig spürbar werden – das zeigt Respekt und Wertschätzung. Als mir das erste Mal eine afrikanische Studentin von ihrer Missbrauchsgeschichte erzählte, war ich noch einmal sehr mit eigener Unsicherheit beschäftigt. „Mit deutschen Menschen bin ich es nun gewohnt, aber wie redet man denn in Afrika über Missbrauch?" Ich entschied mich, ihr genau das zu sagen. Damit war die Verantwortung bei uns beiden. „Wie ihr kulturell mit dem Thema umgeht, weiß ich nicht. Bitte sag einfach, wenn dich etwas irritiert." Für sie war das Eingestehen meiner Unsicherheit überhaupt kein Problem. Ganz im Gegenteil: Damit war für sie spürbar, dass ich anerkenne, wie schwer das fällt.

Braucht es weitere Hilfe oder Schritte zur Offenlegung?

Was außerdem die gefühlte eigene Überforderung lindern kann, ist der Hinweis auf therapeutische Unterstützung. Wenn ich nicht therapeutisch ausgebildet bin, bin ich nicht die richtige Person, um einen Missbrauch aufzuarbeiten. Doch nicht jede Person, die Missbrauch erlebt hat, braucht eine Therapie: Unsere Seele hat ungeahnte Heilungskräfte. Manchmal sind es auch neue, stabilisierende Lebensumstände, manchmal andere Personen, die einem helfen, wieder Vertrauen ins Leben zu gewinnen, oder manchmal auch eine Aufgabe, die neuen Sinn im Leben zeigt und stabilisiert. Doch je nach Schwere des Missbrauchs hilft eine Therapie ungemein, um die eigene Würde wiederzuentdecken, zu verstehen, woher welche Folgen kommen und sich zu befreien aus Schuld- und Schamgefühlen.

Oft tut es gut, wenn jemand nachfragt: „Hast du schon einmal an eine Therapie gedacht?" Leider sind psychische Erkrankungen gesellschaftlich nach wie vor stigmatisiert und „eine Therapie machen" wird in so manchen Kreisen immer noch verbunden mit „schwach sein" oder „einen an der Waffel haben". Natürlich hat Therapie nichts mit Schwäche zu tun. Ganz im Gegenteil zeugt sie von der Stärke, eigene Verwundungen zu bemerken und sich von ihnen befreien zu wollen. Es zeigt die Hoffnung auf Heilung von Verwundungen.

In christlichen Kreisen gibt es leider immer wieder die Tendenz, Therapien als Reaktion auf „zu wenig Glauben" zu verurteilen: „Wer genug betet und glaubt, der erfährt auch Heilung! Wenn du dich nur genug Jesus anvertraust, dann geht der Schmerz! Wenn du dem Täter vergibst, dann bist du frei!" Ja, Glaube hat Heilungskräfte. Das Wissen um einen Gott, der mich liebt, bei dem ich angenommen mit allen Verletzungen bin, der für Gerechtigkeit sorgt und das Unrecht, das mir geschehen ist, sieht und verurteilt, kann Heilung schenken. Das Erahnen eines liebenden Gottes kann die tiefste Seelenverwundung heilen. Doch häufig ist die Seele so zerstört worden, dass es erst einmal Hilfe braucht, um wieder Zugang zu ihr zu finden. Und für das Aushalten von tiefen Schmerzen ist ein menschliches Ohr an der Seite oft unerlässlich. Zeigt sich Gott nicht auch in einer guten Psychotherapie? Müssten wir nicht eher froh sein um die unterschiedlichen Ebenen und Wege zur Heilung, statt in einen absurden Konkurrenzkampf einzutreten?

Wegen Stigmatisierungen und Vorbehalten aus einigen Kreisen, kann es durchaus ermutigend sein, positiv für eine Therapie zu werben: „Bei alldem, was du erlebt hast: Hast du einmal darüber nachgedacht eine Therapie zu machen? Das muss doch schwierig sein, mit alldem umzugehen …"

Auch seelsorgliche Begleitung kann sehr hilfreich sein. Traumabearbeitung gehört nicht in die Seelsorge, doch kann die Auseinandersetzung mit einem Gott, der die Schreie hört, der Würde schenkt und in mir weit mehr sieht, als die (seelisch) Verwundete, für einen Heilungsprozess förderlich sein. Auch all die Fragen: „Wie konnte Gott das zulassen? Warum hat er mich nicht geschützt? Warum ich? …" können einen Platz in geistlicher Begleitung finden. Wichtig ist, wie bei Therapeuten, gut zu schauen, an wen ich mich wende. Nicht jeder Seelsorger und jede Seelsorgerin ist ein in dem Bereich gut ausgebildeter Gesprächspartner. Eine Zusatzausbildung in geistlicher Begleitung oder Ähnliches sollte vorhanden sein. Es ist wichtig, auf jemanden zu treffen, der gut unterscheiden kann, was in eine geistliche Begleitung und was in eine Therapie gehört. Die Person sollte geschult sein, jemanden auffangen zu können, aber nicht Themen aufzumachen, die nicht auch wieder gut abgeschlossen werden können. In der Regel hat jede Diözese einen Überblick über geeignete geistliche Begleiterinnen. Die Homepage der Diözese hilft hier, die Kontakte zu finden.

Eine weitere Frage ist die nach einer Anzeige oder Offenlegung der Tat an anderen Stellen. Wenn es ein Verwandter war: Wissen die Eltern darum? Sollten sie es wissen? Wenn es ein Lehrer war: Sollte es Informationen an die Schulleitung geben? Im Anzeigen und Offenlegen gibt es drei Perspektiven: Einmal die, das Unrecht benannt und gehört werden muss und Konsequenzen braucht. Was ist das für ein falsches Signal, wenn ein Täter straffrei mit seinen Vergehen durchkommt und dem übergriffigen Verhalten keine Grenzen gesetzt werden? Die zweite Perspektive ist die weiterer potenzieller Opfer: Eine Anzeige oder Offenlegung bewirkt oft, dass zum einen auch andere Opfer ermutigt werden, die Tat anzuzeigen. Zum anderen sorgt eine Verurteilung dafür, dass weitere Taten ausbleiben oder wenigstens erschwert werden. Die dritte Perspektive ist die der Betroffenen selbst: Mit einer Anzeige können sie erleben, dass Gerechtigkeit geschieht, sie sind ausgestiegen aus dem Opfer-Sein und erleben sich als wirksam.

Doch genau hier wird es oft auch kompliziert: Allzu oft führen Anzeigen eben nicht zu einer Verurteilung, nicht selten aus Mangel an Beweisen. Zu oft wird nach wie vor erlebt, dass nicht geglaubt wird oder bei Anzeigen Fragen erduldet werden müssen wie „Was hatten Sie an?“, „Haben Sie es mit irgendetwas provoziert oder doch auch gewollt?“… Es ist nicht einfach, eine Tat anzuzeigen und der Versuch kann auch in einer Retraumatisierung im Sinne von „mir wird wieder nicht geglaubt“ enden. Daher ist es zwar gut, die Option einer Anzeige zu erwähnen und vielleicht bereit zu sein, wenn möglich, auf dem Weg dorthin zu unterstützen oder nach Unterstützung zu suchen. „Du musst das doch anzeigen, der gehört weggesperrt“ ist allerdings zu kurz gedacht. Ja, es wäre absolut wünschenswert, dass jede Tat angezeigt werden würde und entsprechende Konsequenzen erfolgten. Aber die Angst vor einem aufwühlenden Prozess und einem möglichen Scheitern müssen sehr ernst genommen werden. Es ist tragisch, dass es so ist, und es bleibt Aufgabe sowohl der Kirche als auch der Justiz, die Verfahrensweisen so zu verbessern, dass die Angst vor einem nicht gut erlebten Verfahren eine Anzeige nicht unmöglich macht. Solange es so ist, bleibt die Frage: „Was brauchst du, damit eine Anzeige möglich wird?“

„Erzähl einmal, wenn du magst!“

Als Christinnen und Christen möchten wir unser Leben miteinander teilen. Unsere Schwestern und unsere Brüder (und damit meine ich alle Menschen, nicht nur Christen!) sind uns nicht egal. Sie sind Geschöpfe des einen Gottes, eben Schwestern und Brüder. In der Apostelgeschichte heißt es über die junge Kirche: „Sie teilten alles miteinander“ (Apg 4,32). Wahrscheinlich steht das dort nicht nur, weil die Urgemeinde so ideal gewesen wäre, sondern weil es in der Geschwisterlichkeit schon erste Konflikte gab, wie dann später auch zu lesen ist. Miteinander das Leben teilen bedeutet, nicht nur Sonntagsmomente gemeinsam zu verbringen, sondern eben auch Leid und Abgründe auszuhalten. Unsere Gemeinden sollten ein Ort sein, in dem all die Facetten des Lebens einen Platz haben. Wir als Christinnen und Christen sollten ein Ort sein, der andere auch mit den Schattenseiten des Lebens willkommen heißt. Ein Ort, an dem sich jeder so sicher wie möglich mit der eigenen Lebensgeschichte fühlt und sich nicht verstellen muss.

In unseren Gemeinden herrscht oft der Druck einer „Sonntagsatmosphäre“: Alles ist gut und wir freuen uns am Beisammensein! Intern werden Schwierigkeiten oftmals ignoriert oder nur hinter vorgehaltener Hand angesprochen. An Mitglieder besteht immer wieder der nicht ausgesprochene Anspruch, dass „alles gut“ sein muss: gelingende Beziehungen, harmonische Familie, Freude an der Arbeit … Wenn Trennungen, schwere Krankheiten oder Ähnliches bekannt werden, dann überfordert es oft und man geht demjenigen aus dem Weg.

Eine Frau erzählte mir, dass seit dem Suizid ihres Sohnes niemand mehr nach dem Gottesdienst mit ihr sprach. Man ging ihr aus dem Weg, so gut man konnte. Wenn sie versuchte, in Kontakt zu bleiben, wurde es oft sehr verkrampft. Kein Platz für Leidvolles? Gerade so sollte es in Gemeinden nicht sein. Auszuführen, woran das liegen mag, sprengt hier den Rahmen. Doch kann unser Glaube an Jesus Christus, der selbst gelitten hat, helfen, dass auch Leidvolles einen Platz in unserem Miteinander hat. Gott ist kein Gott nur für die Sonnenschein-Momente des Lebens; er ist ein Gott, der in allem da ist, auch in tiefem Leiden. Jesus selbst sagt es deutlich an mehreren Stellen: „Kommt zu mir, die ihr an Schwerem zu tragen habt: ich werde euch Erleichterung verschaffen!“ (vgl. Mt 11,28) oder auch: „Nicht die Gesunden brauchen den Arzt, sondern die Kranken“ (Mk 2,7 NGÜ).

Wie nun also ganz konkret damit umgehen, wenn jemand beginnt, sich zu erlebtem Missbrauch zu äußern? Was ist eine Formulierung, die helfen kann, das Gespräch zu beginnen? Die einladend ist, aber gleichzeitig auch nicht so konkret, dass jemand sich unter Druck gesetzt fühlt, Dinge zu erzählen, die im Erinnern retraumatisierend sein können? Für mich ist eine solche: „Erzähl gerne, wenn du magst!“ Oder auch: „Ich höre dir gerne zu, wenn du möchtest!“ Bereit sein, zuzuhören, ist letztlich das Einzige, was verlangt ist. Vielleicht hilft es ja, eine Formulierung im Hinterkopf zu haben, wenn jemand etwas Leidvolles erwähnt? Es würde uns allen sicherlich guttun, wenn wir weniger unsicher wären im Teilen von Leidvollem. Angenommen sein von anderen Menschen, das Erleben von Solidarität, Trost und Zuwendung ist mit das Unterstützendste im Umgang mit leidvollen Lebensereignissen.

Wenn wir auf die Heilungswunder im Neuen Testament schauen, sehen wir im Mittelpunkt immer wieder die Hinwendung Jesu zum Kranken. Er sieht die an, die sonst nicht gesehen werden. Er ist bei denen, denen man sonst aus dem Weg geht. Und er hört denen zu, die sonst niemanden zum Reden haben. Und dazu ruft er auch uns auf – nicht, weil wir dann moralisch einwandfreie oder die besseren, reineren Menschen wären, sondern weil wir dann Gottes Ebenbildlichkeit zeigen: „Ihr aber sollt vollkommen sein, wie euer Vater im Himmel vollkommen ist“ (Mt 5,48 NGÜ). Gottes Angesicht zeigen ist gleichbedeutend damit, sich dem anderen zuzuwenden.

8. Wie von der Tat und vom Täter sprechen?

Die erste Hürde ist der Moment des Sich-Öffnens und die Einladung zu erzählen. Die zweite der Fortgang des Gesprächs: Wie spreche ich denn von Tat und Täter? Was hilft dem Betroffenen? Zunächst noch einmal entlastend: Du bist kein Therapeut, keine Therapeutin! Du musst nichts „herausfinden", um dem Betroffenen zu helfen! Deine Gesprächsführung muss keine sein, die möglichst effektiv Heilung schenkt, die besonders klug Traumatriggern aus dem Weg geht und beste Unterstützung zur Selbsthilfe gibt. Deine Aufgabe ist es „nur", Schwester, Bruder zu sein: sich dem anderen zuzuwenden und bestmöglich nachzuspüren, was jetzt gerade guttut. Das ist eigentlich schon der wichtigste Hinweis: Als Schwester und Bruder der Schwester, dem Bruder begegnen. Alles Folgende dient eher zur entlastenden Sicherheit im Gespräch.

Ambivalenz des Erschreckens

Erschrecken und Unverständnis über die Tat sind erst einmal völlig verständlich und auch wichtig zu äußern. Es tut Betroffenen gut zu hören, dass es unsäglich ist, wie mit ihnen umgegangen wurde. Ein Erschrecken kann helfen, das nie erlaubte Erschrecken selbst zu spüren und so zurechtzurücken. Es tut gut, wenn das Leiden endlich gesehen wird. Da darf auch eine Träne fließen oder der Kloß im Hals hörbar werden. Fremdes Mitgefühl kann sehr hilfreich sein, um auch wieder Mitgefühl mit sich selbst zu bekommen. Schmerz wird geteilt. Geteiltes Leid ist hier sicherlich nicht halbes Leid, wie das Sprichwort es sagt. Die Erfahrung, die jemand gemacht hat, der missbraucht wurde, kann im Letzten von niemandem abgenommen werden. Aber mitgeteiltes Leid ist wie die Hand, die den unermesslich schweren Rucksack ein Stück Wegstrecke mitträgt: Es gibt neue Kraft und eine Verschnaufpause.

Das Erschrecken über die Tat gibt dem Betroffenen Sicherheit, gehört zu werden. Es zeigt, dass der Zuhörende es aushält und nicht kleinredet, was geschehen ist. Ein Erschrecken kann aber auch kippen, und zwar dann, wenn das Erschrecken so groß wird, dass die Betroffene das Gefühl hat, den Zuhörenden zu überfordern. Dieses „Kippen" entsteht auch, wenn ein „Das ist so unvorstellbar!" so oft wiederholt wird, dass die Scham darüber, „Unvorstellbares" erlebt zu haben, größer und größer wird. Betroffene möchten gehört und gesehen werden, aber auch nicht unangenehm im Mittelpunkt stehen. Sie möchten den anderen nicht belasten, aber es tut ihnen dennoch gut, wenn jemand die Last mit ihnen trägt.

Also – erschrecken darf sein und hilft. Dramatisieren jedoch nicht. Es kippt in dem Moment, wo es nur noch um das eigene Erschrecken geht und man so sehr „mitleidet", dass der Betroffene das Gefühl hat, das eigene Erzählen abmildern zu müssen, damit es dem Zuhörenden wieder besser geht.

Ein zu großes Erschrecken ist aus unterschiedlichen Gründen schwierig: Zum einen kann es Betroffene beschämen, wie beschrieben. Zum anderen kann es zu Erstarrung (Flucht aus der Situation) oder aber auch zu übertriebenem Aktionismus führen, um den eigenen Schrecken zu beseitigen, wie in folgendem Beispiel. Im Studium arbeitete ich ehrenamtlich bei der nightline, einem Zuhörtelefon für Studierende (wunderbare Einrichtung!). Sie funktioniert ähnlich wie die Telefonseelsorge, nur dass die Zuhörenden eben wirklich nur im guten Zuhören geschult sind und nicht weiter psychologisch ausgebildet werden. Es geht darum, in der Nacht jemanden zu haben, der einem in der Not zuhört – von Studierenden für Studierende –, nicht mehr und nicht weniger. In einem meiner ersten Telefonate erzählte mir eine Studentin, dass sie von ihrem Vater missbraucht wurde und es immer noch geschieht, wenn sie nach Hause fährt. Der Missbrauch hatte bei ihr dazu geführt, dass sie sich im Studium schlecht konzentrieren konnte. Außerdem verletzte sie sich selbst, um einen anderen Schmerz beziehungsweise überhaupt etwas zu spüren. Sie war völlig verzweifelt am Telefon. Dann erzählte sie noch, dass es am nächsten Tag wieder so weit wäre und sie nach Hause führe.

Ich fand es nur schrecklich, dass sie sich nicht daraus befreien konnte und wurde immer aktiver im Suchen nach Auswegen: „Wenn du einfach sagst, du bist krank?“ Außerdem warb ich mit aller Kraft dafür, dass sie sich professionelle Hilfe suchte. Alles wehrte sie ab. Je mehr ich arbeitete und überlegte, umso mehr Gegenwind kam von ihr. Mein Erschrecken, dass sie, wissend, was geschieht, wieder nach Hause fährt, führte dazu, dass ich nur noch nach Lösungsmöglichkeiten suchte, ihr aber in ihrem Leiden eigentlich nicht mehr zuhörte. Völlig eingenommen war ich von dem Gedanken, dass ein neuer Missbrauch verhindert werden muss. Für sie war es das ungezählte Mal – einmal mehr oder weniger machte da in ihrer Wahrnehmung keinen großen Unterschied. Aber es war das erste Mal, dass sie mit jemandem sprach – und die ihr Zuhörende interessierte sich jedoch immer weniger für sie und ihre Gefühle als für das Verhindern eines erneuten Missbrauchs.

Natürlich war es wichtig und richtig ihr klarzumachen: „Du musst da nicht hinfahren.“ Und genauso richtig war es, ihr Adressen an die Hand geben zu wollen, bei denen sie Hilfe findet. Aber: nicht auf Kosten ihres Erzählens. Ich merkte glücklicherweise noch rechtzeitig die Schieflage, ließ „meine“ Themen und gab ihr wieder Raum. Zum Schluss wurde so „krank sein“ und „Hilfe in Anspruch nehmen“ eine Option. Aber das Wichtigste war für sie, wie sie am Ende selbst sagte: „Danke, dass du mich nicht weiter unter Druck gesetzt hast und mir zugehört hast!“ Ja, meine Angst hatte ihr Druck gemacht ... Ich habe in dem kurzen Gespräch viel gelernt!

Eine klare, nicht beschönigende und parteiische Sprache

Wendet sich jemand an dich, darfst du parteiisch sein. Die Person hat sehr wahrscheinlich bereits oft erlebt, dass ihr nicht geglaubt wurde beziehungsweise hat sich gar nicht erst getraut zu reden. Da kann sie ein bisschen Parteilichkeit schon erwarten.

Es liegt nicht an dir zu beurteilen, was konkret vorgefallen ist. Du musst nichts einordnen, bist keine Richterin, die beide Seiten im Blick haben muss. Deine Aufgabe ist es, an der Seite des Betroffenen zu sein. Das heißt nicht, dass du nicht sagen darfst, wenn dir etwas komisch vorkommt. Es gibt Falschanschuldigungen – bei Vergewaltigungen betragen sie allerdings weniger als ein Prozent!

Wenn jemand von erfahrener Gewalt erzählt, dann hat er auch Gewalt erfahren. Da steckt etwas dahinter. Vielleicht stimmt die Tat nicht, vielleicht auch nicht der Hergang. Aber es hat jemand eine so große Not, Aufmerksamkeit zu bekommen, dass er diese Geschichte erzählt. Und ist das kein Leiden? Erzählt jemand von erfahrener Gewalt, dann hat er Schlimmes erlebt. Es ist kein „Betrug“, wenn die Geschichte nicht eins zu eins so stimmt, wie sie erzählt wird, sondern eine Not, die sich diesen Weg sucht.

Und doch gibt es die Grenze von falschen Anschuldigungen. Wenn ich bemerke, dass es so nicht sein kann, darf ich das auch sagen. Eine fiktive Geschichte: „Aber Tom und du habt euch doch nur kurz gesehen auf dem Fest? Er war doch schon weg, als es ans Tanzen ging?“ Das verlangt der Schutz vor falschen Anschuldigungen. Aber es ist einladend und die Not sehend, wenn das Gespräch nicht damit endet, sondern zum Beispiel folgende Ermutigung ausgesprochen wird: „Hör mal, auch wenn da mit Tom nichts gewesen sein kann: Irgendetwas macht dir doch große Not, dass du mir das erzählst. Was bedrängt dich gerade?“

Im Gespräch über die Tat ist eine Sprache, die die Tat beschönigt, wenig hilfreich, auch wenn dies indirekt geschieht. Eine direkte Beschönigung wären Formulierungen wie: „Es war ja nur einmal“, „War ihm klar, dass du das nicht wolltest?“, „So schlimm war es dann ja nicht“. Wenn du dieses Buch in der Hand hältst, bin ich mir sicher, dass du solche Sätze auch nicht aussprechen wirst. Doch indirekte Beschönigungen geschehen schnell: „Wie gut du aber heute im Leben stehst. Es freut mich, dass es dich so wenig beeinflusst hat.“ Oder: „Gut, dass du so viele Fähigkeiten hast, dass du damit gut umgehen konntest.“ Klar – alles ermutigend gemeint. Und ja, es tut auch gut, auf die positive Seite zu schauen. Doch solche Formulierungen wirken oft so, als dürften Schwierigkeiten nur im „Überwunden“ existieren. Auch wenn es nach außen so aussieht, als würde das Leben dennoch gut verlaufen: Die inneren, seelischen Qualen siehst du oft nicht. Wie schwer manche alltäglichen Handlungen sind, ist dir nicht bewusst. Und auch nicht, wie sehr die Betroffene vielleicht darunter leidet, dass man nach außen ihre Ängste und Unsicherheiten nicht sieht, sondern sie für stark hält und ihr dadurch keine Unterstützung schenkt.

Was einem Betroffenen geschehen ist, ist grausam. Oft wird es als Seelenmord beschrieben. Die Verletzungen sind groß und das dürfen sie auch erst einmal sein. Wenn sie im Gespräch Raum hatten, tut es gut, anzuerkennen, welche Ressourcen die Person dennoch aufgebaut hat, um mit den Verletzungen durchs Leben zu kommen. Doch erst sollten die Verletzungen Raum gehabt *haben*. Die Erschütterungen möchten gesehen werden, bevor es ans Wieder-Aufbauen geht.

Deine Sprache sollte darüber hinaus eine Sprache sein, die nicht vor allen Ausdrücken zurückweicht, die Körperlichkeit und Sexualität erkennen lassen. Erst einmal gilt, wie schon an anderer Stelle erwähnt: Am besten, du benutzt die Begriffe, die dein Gegenüber benutzt. Wenn du aber merkst, dass da eine Scham dabei ist, kann es gut sein, wenn du diese durchbrichst. Redet dein Gegenüber von „obenrum angefasst“, dann kannst du ruhig sagen: „Es gibt keine Entschuldigung, deine Brüste zu berühren.“ Oder sagt sie, dass er „seine Hand in die Hose gesteckt hat“, kann es helfen, klare Worte zu nutzen: „Ungefragt hat er deinen Intimbereich berührt.“

Ich denke, es wird klar, worauf ich hinaus möchte. Werden aus Scham zum Beispiel Worte für Genitalien vermieden, dann kann es helfen, nicht mit in dieser Scham zu bleiben. Aber – nur, wenn es für dich passt. Wenn du unauthentisch wirkst, weil es dir auch nicht leicht von den Lippen geht, bleibe lieber bei den angebotenen Formulierungen. In der Regel tun gerade sachliche Begriffe, sprich biologisch-medizinische Begriffe gut. Also statt: „Er hat dann mit mir geschlafen“ zum Beispiel „Er hat dich vergewaltigt“, und statt „Er hat mit seinem Finger in mir rumgemacht“: „Er ist mit seinem Finger in deine Vagina eingedrungen.“

Warum? Weil solche Begriffe wieder eine Distanz schaffen können und sich abheben von einer Sprache, die man für gelingende Sexualität nutzt. Eine Vergewaltigung hat nichts zu tun mit „miteinander schlafen“! Und eine solche Sprache kann Betroffenen helfen, das Geschehen da einzuordnen, wo es hingehört: als eine unrechte Straftat! Alle Ausdrücke, die sonst verwendet werden, um einvernehmliche Sexualität zu beschreiben, sollten, wenn es geht, vermieden werden.

Diese Hinweise brauchen nicht verängstigen! Wahrscheinlich wird es zu solchen Details nicht kommen und sie sind auch längst nicht in jedem Kontext angebracht. Doch wenn zum Beispiel eine tiefe Freundschaft da ist, dann bist du vielleicht die, bei der es der anderen am leichtesten fällt, auch diese Details einmal sagen zu können. Natürlich gehören solche Gespräche eher in ein therapeutisches Setting. Das ist jedoch nicht immer da und manchmal fühlt man sich im Ausdrücken solch intimer Details auch erst einmal mit einer Freundin oder einem Freund wohler. Es wird also eher selten zu solchen Details kommen, aber falls doch, bist du nun ein wenig vorbereitet.

Das Unrecht immer wieder herausstellen

Eine klare, nicht beschönigende oder verschämte Sprache führt auch dazu, dass das Unrecht leichter herausgestellt werden kann. Manche Betroffene brauchen es, „alles" erzählt zu haben, was sie erinnern, in jedem Detail, damit das Schweigegebot ganz durchbrochen ist. Für andere ist das ein zu schmerzhaftes, unnötiges Erinnern. Beides kann richtig sein. Da ist nicht eins besser als das andere.

Was aber immer hilft, ist, als Zuhörerin nicht müde zu werden zu sagen, dass es Unrecht ist. Eine junge Frau, nennen wir sie Nadine, erzählte mir nach außen hin recht emotionslos und nüchtern vom Missbrauch durch den Stiefvater. Weder Schmerz noch Wut oder Ekel kamen bei mir an. Das Gespräch hatte sie auch nicht wegen des Missbrauchs gesucht, sondern weil sie in ihrem Kinderglauben verunsichert war. Dabei kam sie aber immer wieder auf den geschehenen Missbrauch. Und immer wieder sagte ich: „Das war Unrecht. Das durfte er nicht tun. Was er getan hat, ist strafbar." Sie reagierte nie spürbar auf meine Kommentare. Ich blieb jedoch dran und sagte es immer wieder. Bei unserem vierten oder fünften Gespräch sagte ich wieder: „Er hat dich missbraucht. Das ist strafbar. Es ist Unrecht. Er durfte das nicht." Sie schaute mich an, wohl das erste Mal blickte sie mir wirklich in die Augen. „Ja, das durfte er nicht. Oder? Das durfte er nicht." Sie begann zu weinen und die lang verschütteten Emotionen kamen zurück.

Es reicht nicht, einmal zu sagen, dass das Geschehene Unrecht war. So sehr ich es auch rational verstanden habe: In meinem Körper sind immer noch Scham- und Schuldgefühle gespeichert und die gehen nicht einfach mit der rationalen Erkenntnis weg. Wenn das Unrecht immer wieder ausgesprochen wird, gibt es eine Chance, dass es irgendwann in tiefere Seelenschichten und Hirnareale sacken kann. Bei Nadine war es dieser kurze Moment, wo in ihr das Unrecht das erste Mal ankommen konnte. Sie musste es danach noch einige Male hören, von einem Therapeuten, ihrer Mutter und von Freundinnen, bis es langsam tiefer in ihr ankam und ihr Blick und ihr Gang aufrechter wurden.

Vielleicht kommt es dir als Nichtbetroffene komisch vor, das immer wieder zu sagen. Es ist doch logisch, dass es Unrecht war. Das liegt doch auf der Hand. Warum es immer wieder wiederholen? Vielleicht hilft folgende Vorstellung: Wie oft wird der Täter der Betroffenen klar gemacht haben, dass er im Recht ist? Wie oft wird er ihr gesagt haben, dass es genauso richtig ist? Und wie oft wird sie sich das später gesagt haben, um irgendwie damit klarzukommen, dass man gegen ihren Willen gehandelt hat? Dann lieber versuchen zu glauben, dass es zu ihrem Besten war, es war ja schließlich eine Vertrauensperson ... Wie oft also gab es dieses hämmernde: „Das ist richtig so" oder auch „Dann habe ich das wohl verdient" oder „Ich bin schuld"? Daher müsste die betroffene Person weitaus häufiger hören: „Das war Unrecht, du bist nicht schuld!", damit es in ihr auch zur gefühlten Wahrheit wird.

Wenn der Täter einem besonders nahesteht

Kommt der Täter aus dem besonders nahen Umfeld oder bestand vorher eine enge Vertrautheit, ist die Scham beim Betroffenen besonders hoch. Der eigene Vater, Onkel, Großvater – ein Missbrauchstäter? Peinlich, „so jemanden" in der eigenen Familie zu haben. Der Priester, mit dem ich gern Zeit verbrachte, häufig das Gespräch suchte, weil er mir guttat – einer, der eben dieses Vertrauen ausnutzte und sexuell übergriffig wurde? Hätte ich das nicht merken müssen, dass er nicht nur charismatisch und zugewandt ist, sondern auch eine missbräuchliche Seite hat, die sich einfach nimmt, was er möchte?

Je näher einem der Täter stand, desto schwerer fällt es, das Geschehene zuzugeben. So ein Machtmissbrauch im so nahen Umfeld. Jemand, dem man vertraut hat. Gerade hier ist es besonders wichtig, die Scham nicht zu verstärken: „Wie konnte denn dein eigener Vater so etwas tun? Der eigene Vater, unvorstellbar ...“ Besser: „Das muss sehr verletzen, wenn gerade der, bei dem man sich sicher und geborgen fühlen sollte, so mit dir umgegangen ist. Wo warst du dann sicher?“ Merkst du die unterschiedliche Atmosphäre? Während der erste Satz eher die Scham („Aus was für Verhältnissen komme ich? Was stimmt nicht mit mir, dass mein Vater sich so verhalten hat?“) provoziert, so lenkt der zweite Satz von der Scham auf die besondere Verletzlichkeit um.

Alles, was in die Richtung „Das kann ich mir nicht vorstellen!“ geht, verstärkt die Scham. Was jedoch die besondere Verwundbarkeit und Abhängigkeit herausstellt, schafft ein Gefühl von Verständnis: „Er, dem du so vertraut hast ... Wie gemein ist das, dich an deiner schwächsten Stelle auszunutzen. Das ist so eine Manipulation – ich kann mir vorstellen, dass es dann besonders schwierig ist, aus einem solchen Missbrauch auszusteigen, wenn er dir doch emotional nahe war.“

Was das Reden über den Täter betrifft, ist Vorsicht geboten. Zu viel über die Person des Täters sprechen („Aber gerade als dein Vater ... Deine Mutter hätte doch ... Wie kann er nur als dein Patenonkel ...“) kann auch den Effekt haben, dass sich das alte Schweigegebot vom Gefühl her sehr stark meldet: „Ich darf doch nicht darüber reden ...!“ So ist es hilfreich, eher bei dem besonderen Vertrauensbruch und den Auswirkungen zu bleiben.

Was hilft, sind Sätze wie: „Dass du ihm vertraut hast, kann ich mir vorstellen, es war doch schließlich dein ...! Was müssen dich diese beiden Gesichter des Täters innerlich zerrissen haben.“ Solche und ähnliche Sätze bieten an, die besondere Verwundbarkeit ins Gespräch zu bringen. Wenn die andere Person mehr über die Täterperson sprechen möchte, wird sie es tun. Zu viel nachfragen führt jedoch in der Regel zu Druck und Scham. Das Sprechen über den besonderen Vertrauensbruch enthält hingegen die Einladung, auch über den Täter mehr zu sprechen, sollte der Betroffene das wollen.

9. Was ist hilfreich, um Betroffenen einen möglichst sicheren Raum zu bieten?

Eine Atmosphäre, in der man sich sicher fühlt, kann dazu beitragen, dass jemand sich anvertrauen kann und so Scham und Schweigen endlich durchbricht. Zerstörtes Vertrauen kann heilen und neue Erfahrungen gelingender Beziehungen können gemacht werden.

Beziehungen sind sie nie sichere Orte – wir machen uns immer auch verwundbar. So geht es im Folgenden darum, wie mit dieser Ambivalenz von ersehnten *safe spaces* umgegangen werden kann. Hier ist es auch wichtig, einen Blick auf all die zu werfen, die sich nicht äußern, wenn das Umfeld ihnen nicht sicher erscheint. Anschließend werden einzelne Haltungen erläutert, wie ein Machtgefälle in Beziehungen möglichst gering bleiben kann. Das geschieht unter anderem immer da, wo traumatisierten Menschen nicht mit einem defizitären Blick begegnet wird, sondern mit einem, der die Lebensleistung wertschätzt und auch das Gelingen wahrnimmt, der Interesse zeigt an ihrem Blick auf die Welt und zur Selbstermächtigung ermutigt, der ehrlich begegnet und die Grenzen des anderen achtet. Sicherlich herausfordernd und doch so hilfreich, damit neues Vertrauen wachsen kann.

Die Frage nach *safe spaces*

Die Sehnsucht nach der Schaffung von *safe spaces*, also sicheren Orten, kann ich gut nachvollziehen – genauso ging es mir auch. Sie entspringt bei mir dem Wunsch, wenn dem traumatisierten Menschen schon nicht die Erfahrung des Traumas genommen werden kann, so zumindest heute andere Erlebnisse zu ermöglichen. Die Vergangenheit ist nicht zu verändern, aber neue Erfahrungen von gelingenden Beziehungen können dazu beitragen, dass sich langsam eine neue Realität neben den alten Verwundungen aufzeigt. Doch kann ich überhaupt *safe spaces* schaffen?

An dieser Stelle möchte ich klar sagen: Einen *safe space*, einen sicheren Ort, bieten zu können, halte ich für Illusion und Überforderung. Ich halte es sogar für gefährlich, mit diesem ausgesprochenen Anspruch unreflektiert zu werben: War es nicht gerade die Vorstellung, dass Kontakte zu Priestern *safe spaces* sind, die Missbrauch ermöglicht haben und das Vertuschen stützten?

Ich finde es wichtig, sich Gedanken darüber zu machen: Wie sicher wird sich jemand in unserem Chor, unserem Kirchengemeinderat, unserem Gottesdienst fühlen? Können wir etwas tun, dass mehr Sicherheit da ist? Auch der Anspruch „Wir wünschen uns, dass du dich hier sicher fühlen kannst!" kann gern kommuniziert werden. Aber bitte nicht ohne folgenden Zusatz: „Und doch kann es dazu kommen, dass du dich nicht sicher gefühlt hast. Dann sag das bitte, damit wir alle voneinander lernen können." Der Anspruch, *safe spaces* zu schaffen, darf kein neues Schweigen aufbauen!

Wenn wir ehrlich und objektiv sind, wissen wir nicht, was bei unserem Gegenüber die traumatischen Erfahrungen reaktiviert. Und manchmal weiß es auch mein Gegenüber erst, wenn es geschehen ist, weil erst der Auslöser wieder bewusst werden lässt, was im Unbewussten verborgen war. Im Folgenden ein paar Beispiele aus meiner Praxis, die generell von der Unvermeidbarkeit traumatischer Erinnerungen berichten, nicht nur auf Missbrauch bezogen.

Da gestalte ich ein meditatives Gebet mit einem Segen mit Nardenöl und dem Zuspruch: „Du bist für Gott kostbar und wertvoll." Bewusst ließ ich jeden und jede für sich das Ritual durchführen, um nicht jemanden zu berühren, der nicht berührt werden möchte beziehungsweise jemandem zuzumuten, sagen zu müssen, dass er/sie nicht berührt werden möchte. Einen Tag später meldete sich eine Frau mit der Bitte um ein Gespräch bei mir. Sie erzählte vom Missbrauch in ihrer Kindheit. Der Geruch des Öls hat sie an den Geruch des Aftershaves ihres Täters erinnert – und daran, dass er ihr während der Tat immer wieder sagte: „Du bist so schön!" Die Zusage Gottes aus der Gebetszeit vermischte sich für sie mit Verhalten und Worten des Täters. Für sie alles andere als eine wohltuende Erfahrung, sondern zusätzlich zu aller Erinnerung die Frage: Wie ist das denn mit Gott in alldem? Geht es ihm um mein Leben oder um sich?

Ich lade in einer psychosomatischen Klinik zu einem offenen Glaubensstammtisch ein. Irgendwann erzählt eine der Teilnehmerinnen freudestrahlend von ihren Kindern, wie stolz sie auf sie ist, wie ihr Lebenssinn vor allem ihr Muttersein ist. Eine andere Teilnehmerin wird immer ruhiger, geht irgendwann kommentarlos. Keine Chance, kurz mit ihr zu sprechen. Am nächsten Tag kommt sie mir auf dem Gang entgegen. Wir grüßen uns und ich spreche sie auf ihr schnelles Gehen am Vortag an. Da erzählt sie mir, wie ihre beiden Kinder bei einem Autounfall ums Leben kamen. Sie war die Fahrerin und schuldig. Nicht nur ihr eigener Kummer wurde reaktiviert, der Schrecken des Schuldig-Seins, wo sie doch für ihre Kinder alles gegeben hätte. Zusätzlich kamen Wut und Neid auf die Frau, die von ihren Kindern so froh erzählte, hinzu – und eine riesige Scham, dass es so ist.

Im Evangelium geht es um die Frage nach dem Bösen und so predige ich auch dazu. Versuche zu differenzieren, dass das Böse eine Realität ist, auch in uns. Und dass wir aber die Chance haben, uns immer wieder für das Gute zu entscheiden, weil es uns im Tiefsten entspricht. Was ich vermittelte wollte, war, das Gute in uns zu entdecken als Antwort auf das Böse. Nach dem Gottesdienst blieb eine Frau sitzen, ganz steif und still. Ich räumte zunächst alles auf, gab ihr Zeit, bis ich auf sie zuging. Und dann platzte es aus ihr raus: „Ja, ich bin ein schlechter Mensch, da hilft nichts." Sie erzählte dann von der Freikirche[13], in der sie war, und den zahlreichen gewalttätigen Exorzismen, die sie dort schon erlebt hatte. Für sie alles noch selbstverständlich und richtig zu dem Moment.

Drei kleine Beispiele, bei denen ich sogar in der Planung die Frage nach Traumata im Kopf hatte, aber entweder mit den Reaktionen nicht rechnen konnte oder mir das Handeln entzogen war. Drei Er-

13 Hier soll kein einseitiges Bild von Freikirchen gezeichnet werden. Strukturelle Gegebenheiten wie größere Nähe und Vertrautheit, „Leistungsdruck" im Gebet und damit auch manches Mal stärkere soziale Kontrolle führen tendenziell häufiger zu Grenzverletzungen. Gleichzeitig wurde die Frage nach spirituellem Missbrauch in den Freikirchen schon lange angeschaut und bearbeitet, bevor die katholische und evangelische Kirche sich des Themas annahmen und ungute Strukturen reflektierten. So ist manchen freikirchlichen Gemeinden ihr Gefährdungspotenzial weitaus bewusster als anderen und sie agieren entsprechend.

fahrungen, in denen ein pastoraler Moment für Beteiligte kein *safe space* war.

Für traumatisierte Menschen gibt es keine *safe spaces.* Sie haben einmal erlebt, dass ein sicherer Ort zu einem Schreckensort wurde und tragen diese Erfahrung tief in sich. Wie sollen sie sich sicher sein, dass das nicht wieder geschieht? Ich habe nicht die Macht, einen solchen Ort zu schaffen. Beziehungen sind nie *safe spaces.* Jeder und jede von uns bringt die eigene Geschichte, eigene Werte und Emotionen mit hinein. Das macht die Schönheit von Beziehungen aus. Gleichzeitig kann mein Hintergrund immer auch dem anderen zur Gefahr werden – und andersherum. Vielleicht ist es sogar gefährlich zu behaupten, einen *safe space* zu schaffen.

Ich halte es für genau richtig, im eigenen (pastoralen) Handeln so gut wie möglich dem anderen einen sicheren Ort zu bereiten. Und ich bin froh, dass die Sensibilität gegenüber Traumafolgen wächst. Aber das Bewusstsein, dass ich keinen *safe space* errichten kann, halte ich für noch wichtiger. Als Seelsorgerin brauche ich die Demut anzuerkennen, dass mein Bemühen sich ins Gegenteil verkehren kann, Worte und Handlungen manchmal nicht heilsam sind, auch wenn sie noch so gut gemeint waren. Und dass das Erleben meines Gegenübers immer über meiner Intention steht.

Einen *safe space* kann ich nicht schaffen, aber ich kann versuchen, einen Ort zu bieten, an dem der andere ermutigt wird zu erzählen, wenn er sich nicht sicher fühlt. Nur so können wir gemeinsam schauen, was es braucht, damit wieder ein Gefühl von größtmöglicher Sicherheit wachsen kann. *Safe spaces* werden immer wieder zerstört und müssen so auch immer wieder neu geschaffen werden. Das geht nur gemeinsam und vor allem nur dann, wenn es kein Tabu ist, dass eine Situation nicht als *safe space* erlebt wird.

Vielleicht müssen wir das gerade in Kirche noch tiefer lernen: *Gut gemeint ist nicht gleich gut.* Und es ist ok, wenn unser Helfen-Wollen als nicht hilfreich bezeichnet wird. Das ist nicht undankbar, sondern zeugt davon, dass der andere erstes Vertrauen gefasst hat, um uns eine Rückmeldung geben zu können. Der andere hat eine Grenze benannt. Und das ist doch wunderbar und gehört wertgeschätzt. Damit muss ich mir jedoch die Frage gefallen lassen: Strahle ich aus, dass mein Verhalten infrage gestellt werden darf? Ist es ok, wenn, trotz vieler

Gedanken, mein Verhalten nicht hilfreich war? Bin ich bereit, mich korrigieren zu lassen und vom anderen zu lernen? Und wenn nein: Warum eigentlich nicht? Ging es mir zu sehr um mich und um meine Helferrolle statt um den anderen? Wie frei bin ich wirklich auf den anderen hin? Wenn es für mich nicht ok ist, dass der andere mir zurückmeldet, dass er etwas, wie ich es mir gedacht habe, als nicht *safe* empfindet, zeigt das nicht schon meine Machtposition? Das heißt nicht, dass es mich nicht irritieren oder verwundern darf. Aber ich sollte offen sein für Rückmeldungen und ihnen auch mit Ernsthaftigkeit begegnen.

Ein Beispiel: Im Gottesdienst baue ich einen Abschnitt ein, wo sich die Gottesdienstbesucher mit ihren Nachbarinnen über ihren Glauben unterhalten sollen. Da ich weiß, dass das einigen Druck machen kann und ich einen sicheren Ort gestalten möchte, egal wie gebildet, theologisch versiert und spirituell erfahren jemand ist, egal ob extrovertiert oder sehr schüchtern, gebe ich Hinweise, die es für jeden zu einer guten Erfahrung machen sollen: „Es geht nicht um viele Worte – ihr könnt auch einfach sagen, welches Symbol oder welche Farbe euch in den Sinn kommt oder einfach nur ein Wort. Keine Leistung, sondern einfach die erste Intuition, die sich bei euch meldet." Alles getan, damit es ein sicherer Ort wird – denke ich.

Einige Tage nach dem Gottesdienst erzählt mir eine Teilnehmerin im Vorbeigehen, dass sie diese Aktion im Gottesdienst immer noch beschäftigt und es ihr damit nicht gut gegangen sei, weil sie richtig Angst bekommen hat, mit fremden Menschen reden zu müssen. Viele andere haben mir aber erzählt, dass es für sie eine besonders kostbare Erfahrung war. Mein erstes Gefühl war Enttäuschung: „Jetzt habe ich schon so viel gemacht, hatte es auf dem Schirm und es hat immer noch nicht gereicht. Kann ich denn auf jeden Rücksicht nehmen? Was kann ich denn dann überhaupt noch machen?" Doch dann kam mir eine kreative Idee für die Zukunft: „Wenn es die Alternative gegeben hätte, das eigene Wort aufzuschreiben und in Ruhe zum Altar zu bringen, wäre das eine gute Auswegoption gewesen?" Sie strahlte mich an: „Ja, das wäre gut gewesen!" Im Nachhinein habe ich mich über das Gespräch sehr gefreut: Alles ausschließen, das kann ich nicht, aber ich kann darauf achten, dass es immer eine Alternative gibt, die keine

Interaktion beinhaltet. Es ist also doch eigentlich einfach – und für alle bereichernd!

Immer mitzudenken: die betroffene Dunkelziffer

Das eine sind die Menschen, die sich geäußert haben – von denen ich weiß, dass sie sexualisierte Gewalt erlebt haben. Die Anzahl derer, von denen ich es nicht weiß, ist jedoch um ein Vielfaches höher. Dunkelfeldforschungen gehen davon aus, dass jeder siebte bis achte Erwachsene sexuelle Gewalt in der Kindheit oder Jugend erlebt hat. Bei Frauen ist die Zahl noch höher: jede fünfte bis sechste Frau. Frauen erleiden häufiger als Männer schweren sexuellen Missbrauch.[14] Jede vierte Frau erlebt körperliche und/oder sexuelle Gewalt in ihrer Partnerschaft und zwei von drei Frauen erleben sexuelle Belästigung.[15]

Wenn auch in Kirche die Anzahl der Männer, die durch Männer sexualisierte Gewalt erlebt haben, höher ist als in der übrigen Gesellschaft[16], so sind die Zahlen betroffener Frauen deutlich höher als die betroffener Männer, daher hier die Zahlen für Frauen. In einer Gruppe von zehn Erstkommunionkatechetinnen werden also wahrscheinlich eine oder zwei Betroffene sein, in einem Chor von dreißig Personen wahrscheinlich fünf oder sechs, in einem Seniorenausflug mit 50 Frauen wahrscheinlich acht bis zehn ... Vielleicht helfen die Zahlen, um dem „Bei uns gibt es das nicht!“ zu begegnen. Du wirst in deinem Alltag auf Betroffene treffen: Mit wie vielen Frauen arbeitest du zusammen? Mit wie vielen kommst du in deinem Alltag ins Gespräch? Aller Wahrscheinlichkeit nach werden Betroffene darunter sein.

14 vgl. https://beauftragte-missbrauch.de/fileadmin/Content/pdf/Zahlen_und_Fakten/Fact_Sheet_Zahlen_und_Fakten_zu_sexuellem_Kindesmissbrauch_UBSKM.pdf, Datum des letzten Abrufs: 29.11.2023

15 vgl. https://www.hilfetelefon.de/das-hilfetelefon/zahlen-und-fakten.html, Datum des letzten Abrufs: 29.11.23

16 Während Betroffene in familiärem Kontext zu 75 % weiblich sind, so sind im kirchlichen Kontext 80 % der Betroffenen männlichen Geschlechts. Quelle: https://www.dbk.de/fileadmin/redaktion/diverse_downloads/dossiers_2018/MHG-Studie-gesamt.pdf, S. 136; Datum des letzten Abrufs: 29.11.23.

Die folgenden Hinweise sind Haltungen, die Betroffenen helfen, sich wohler zu fühlen und Verwundungen heilen zu lassen. Es sind Haltungen, die für Betroffene sehr hilfreich sind, aber durchaus jedem Menschen guttun und vor allem zu einer Atmosphäre führen, die ein Miteinander fördern, das voll Achtung und Wertschätzung ist. Ein missbrauchssensibler Umgang mit anderen Menschen ist einer, der die Würde des anderen besonders achtet. Und das tut uns allen gut – und gerade im kirchlichen Kontext sollte es selbstverständlich sein, die gottgegebene Würde im anderen entdecken und achten zu wollen.

Sollten wir uns nicht alle ein bisschen mehr darum kümmern, wie unser Umgang miteinander ist? Ob er uns zueinander führt oder voneinander weg, ob eine Atmosphäre da ist, die einlädt, auch Schwierigkeiten teilen zu können oder eine, die in Konkurrenzkampf führt und die Frage nach Ansehen in den Mittelpunkt stellt?

So wenig Machtgefälle wie möglich

Betroffene haben Machtmissbrauch erlebt und sind in eine ohnmächtige Situation geraten. Sie haben erlebt, wie sie handlungsunfähig gemacht wurden. Leider haben sie sich oft daran gewöhnt. Lieber machen sie es anderen recht und geben eigene Wünsche auf, als in den Konflikt zu gehen. Sie haben erlebt, dass ihre Meinung nicht zählt. Und diese Erfahrung sitzt in ihnen. Werden sie nicht beachtet oder ausgenutzt, reagieren sie selten offensiv und klären die Situation. Häufiger bleiben sie verletzt zurück, ärgern sich nachher und sind wütend – aber die Wut bekommt nicht den Ort, an die sie gehört hätte.

Eine Atmosphäre mit wenig Machtgefälle kann helfen, die eigene Stimme wiederzuentdecken und es sich zu erlauben, auch einmal „Nein“ zu sagen. Nicht nur in ihrer hauptamtlichen Struktur ist die Kirche zutiefst hierarchisch. Im Ehrenamt sieht das nicht anders aus: Da ist zum Beispiel der Jurist, der von allen hofiert wird, weil seine Expertise im Verwaltungsausschuss so wichtig ist, oder die Architektin, die man häufig lobend erwähnt, weil sie von so großem Vorteil im Bauausschuss ist, oder die ehemalige Kindergartenleiterin, gegen die niemand etwas sagen darf – sie hat doch so viel aufgebaut!

Im Galaterbrief heißt es: „Es gibt nicht mehr Juden und Griechen, nicht Sklaven und Freie, nicht männlich und weiblich; denn ihr alle seid einer in Christus Jesus“ (Gal 3,28). Das müsste das Ideal unserer Gemeinden sein. Da ist nicht „der Herr Pfarrer“, dem der Extraplatz bereitgestellt wird, oder „der Herr Rechtsanwalt“, bei dem man dreimal erwähnen muss, was er alles leistet. Alle sind eins in Christus – egal, ob das Pfarrblatt ausgetragen wird oder der Bauplan studiert, ob beim Gemeindecafé bedient wird oder pastorale Zukunftspläne geschmiedet werden. Jeder und jede soll mit gleicher Würde behandelt werden.

Was wäre schließlich ein toller Gemeinderaum ohne die, die bereit sind, ihn auch zu pflegen? Was wäre ein wunderbarer Pastoralplan, wenn man nicht bei denen anfängt, die tagtäglich kommen? Es gibt unterschiedliche Gaben – die eine führt die Gemeinde vielleicht weiter voran als die andere. Aber das ist doch kein Grund, den anderen mit mehr Achtung und Respekt zu behandeln! Wir alle haben Anteil an der gleichen Schöpfungswürde Gottes. Göttliche Geschöpfe sind wir. Das Antlitz Gottes kann in jedem und jeder entdeckt werden. Wie wäre es, wenn wir so miteinander umgehen würden?

Was bedeutet das nun konkret? Im Folgenden ein paar beispielhafte Ideen: viele Formen der Beteiligung, Wertschätzung der Äußerungen aller, Sichtbarkeit unterschiedlicher Menschen in der Liturgie, Willkommenskultur in der Gemeinde.

Viele Formen der Beteiligung: Es tut gut, und zwar nicht nur Betroffenen von sexualisierter Gewalt, sich wirkmächtig zu fühlen. Macht ist an sich nichts Schlechtes. Wir brauchen es, zu spüren, dass unser Verhalten Konsequenzen hat, dass unser Engagement sichtbar wird. Wie schön ist es, am Ende des Aufbaus eines Gemeindefestes zu sehen, dass alles gerichtet ist? Oder die Freude, wenn alle Gemeindebriefe verteilt sind? Klar, keine „anspruchsvolle“ Arbeit, aber eine, die es braucht und die (zumindest mich) manchmal sehr zufrieden macht – weil ich sehe, was ich getan habe. Je mehr Formen der Beteiligung ich anbiete, desto mehr unterschiedlichen Personen verhelfe ich dazu, dass sie einen Platz finden können. Haben wir Aufgaben für die Praktiker sowie die Theoretiker, die Intellektuellen sowie die Anpackenden, die Jungen wie die Alten, die mit viel Zeit und die mit wenig? Und gibt es Foren, wo jeder und jede gefragt ist, mitzugestalten? Ist da eine Offenheit für neue Wünsche oder Verbesserungsvorschläge? Das Ganze lässt sich genauso auf einzelne Beziehungen übertragen: Beteiligen sich beide an der Freizeitgestaltung? Baue ich dem anderen Brücken, wenn ich merke, dass es ihm schwerfällt, oder finde ich es eigentlich ganz geschickt, dass ich entscheiden kann?

Wertschätzung der Äußerungen aller: Wie oft habe ich es in kirchlichen Sitzungen schon erlebt, dass ich einen Vorschlag gemacht habe, der überhaupt nicht aufgenommen wurde und ungehört verhallte? Zehn Minuten später sagt dann ein Priester das Gleiche und der Vorschlag wird dankbar angenommen: „Was für eine gute Idee, Herr Pfarrer!" Es gibt Menschen, die werden schneller gehört, und andere, die werden meist überhört. Männlich, weiß, Akademiker hat eine gute Chance, dass seine Anliegen berücksichtigt werden. Weiblich, Migrationshintergrund und Arbeiterin eher weniger.

In meiner Gemeinschaft gibt es in Zusammenkünften die ungeschriebene Regel, dass Wortbeiträge nicht durch Applaus oder ablehnende Äußerungen kommentiert werden. Und das macht etwas mit der Atmosphäre! Würde ich mich noch trauen, eine andere Meinung zu vertreten als eine, die vorher schon Applaus bekam? Durch das Auslassen des direkten Kommentierens traut sich wirklich eine große Bandbreite an Schwestern ans Mikrofon und erst nach gemeinsamem Hören wird ein Schritt weitergegangen. Das erschreckende Gegenbeispiel habe ich in einem anderen Gremium erlebt: Jede Person hatte eine grüne, eine gelbe und eine rote Karte. Mit den Karten kommentierte man am laufenden Band das Gesagte. Nur noch mit viel Angst habe ich mich beteiligt, weil es so beschämend war, wenn man auf lauter rote Karten schaute.

Natürlich ist nicht jede Äußerung gleich zielführend. Und natürlich geht es nicht darum, schönzureden, was nicht weiterführt. Aber es macht einen großen Unterschied, wie man das tut: Fühlt sich jemand beschämt, wenn er sich geäußert hat oder wird wertgeschätzt, dass sie sich Gedanken gemacht hat? Ist da eine Atmosphäre, wo spürbar ist, dass man sich freut über breite Beteiligung, oder will man nur hören, was gut ins Konzept passt?

Das Gleiche gilt in einzelnen Beziehungen: Schätze ich wert, wenn jemand eine andere Meinung hat als ich, gestehe ich ihr die andere

Meinung zu oder möchte ich nur in meinem Weltbild bestätigt werden?

Sichtbarkeit unterschiedlicher Menschen in der Liturgie: Stehen vorne nur ein Pfarrer und männliche Ministranten? Oder sind auch Frauen sichtbar? Wer teilt die Kommunion aus oder übernimmt den Lektorendienst – und wie hoch sind die Hürden, einen solchen Dienst zu übernehmen? Muss man vom Pfarrer angesprochen werden oder kann man sich einfach melden? Und werden auch einmal andere Expertinnen und Experten zur Beteiligung eingeladen: Warum am Familiensonntag zum Beispiel nicht einmal eine Ansprache von der Kindergartenleitung?

Und wie hoch ist die Barriere, generell am Gottesdienst teilzunehmen? Gibt es Abläufe, die erklärt werden müssen, weil sie nicht im ersten Moment verstanden werden? Sind die liturgischen Formen vielfältig genug, dass sich unterschiedliche Personen angesprochen fühlen: mal meditativ, mal interaktiv, mal kürzer, mal länger, mal in einfacherer Sprache, mal theologisches Schwarzbrot? Und wird das auch zuvor so beworben, dass man weiß, worauf man sich einlässt? Betroffene von Missbrauch haben oft das Gefühl, dass sie keinen Platz haben. Liturgie ist ein besonders zentraler Bereich im Gemeindeleben und sorgt dafür, dass Machtgefälle weniger werden, wenn hier der Raum nicht auf den Pfarrer beschränkt bleibt. Ich habe zum Beispiel in Maiandachten gern auch andere Personen zu ihren Lieblingsliedern predigen lassen. Ich selbst hatte zu den Liedern keinen Zugang und so wurden wir einmal von anderen Stimmen beschenkt, was uns allen guttat.

Willkommenskultur in der Gemeinde: Hat jemand, der sich schwertut, Beziehungen aufzubauen, weil er in der Vergangenheit verletzt wurde, eine Chance in deiner Gemeinde? Käme eine Frau, die schüchtern und abwartend ist, manchmal sogar ausstrahlt, wie unwohl ihr dabei ist, angesprochen zu werden, sich aber nach Gemeinschaft sehnt, in eure Gemeinde hinein? Würden solche Personen überhaupt wahrgenommen? Sagt jemand „Hallo" und fragt, woher sie kommen? Zeigt irgendjemand Interesse an ihnen, nimmt sie mit hinein in die ortsüblichen Gepflogenheiten?

Und wenn neue Personen wahrgenommen werden: Wie geschieht dies? Fragt man direkt nach dem Beruf oder danach, wie man sich engagieren möchte oder ist da ein Interesse für die Person dahinter? Missbrauchsbetroffene merken in der Regel, wenn sie instrumentalisiert werden. („Sie suchen nach jemandem, der das Gemeindeblatt austrägt – aber ob ich oder sonst wer, ist ihnen egal.") Ebenso spüren sie, wenn ihnen eine hohe Erwartungshaltung entgegenkommt. Das provoziert in ihnen die Angst, nicht zu genügen und zu enttäuschen. Gleichzeitig sehnen sich Betroffene aber danach, wahrgenommen zu werden und sind dafür leider oft auch bereit, sich ausnutzen zu lassen, weil der eigene Wert nicht erkannt wird und keine innere Erlaubnis da ist, aufgrund eigener Präferenzen Erwartungen zu enttäuschen.

Wie barrierefrei ist deine Gemeinde in sozialer Hinsicht? Fühlt sich dort jemand wohl, der nicht besonders selbstsicher ist? Gibt es die paar Machthaber und die Ausführenden oder ist es ein echtes Miteinander? Und vor allem: Wird irgendwo die Macht, die jemand hat, missbraucht, nur um eigene Ziele durchzusetzen?

Von eigenen Gebrochenheiten erzählen

In der Regel erzählen wir uns davon, was alles wunderbar läuft: vom tollen Urlaub, vom Kind mit vielversprechenden Zukunftsplänen, vom neu und schön gestalteten Garten. Jammern können wir auch gut: Mal wieder zu heiß, die Chefin verlangt zu viel und der Kollege versucht ständig, seine Aufgaben abzugeben und macht sich einen lauen Job.

Aber wie sieht es mit den wirklich wichtigen Dingen aus, mit dem, was uns in der Tiefe berührt, was uns ausmacht? Wo ist der Ort für Gespräche jenseits von oberflächlichem Smalltalk? Wem vertraue ich an, was mich wirklich bewegt? Das Thema Einsamkeit wird in unserer Gesellschaft immer größer. So viele haben niemanden, der ihnen wirklich zuhört. Unsere Kirche sollte ein Ort sein, in dem es anders ist. „Seid stets bereit, jedem Rede und Antwort zu stehen, der von euch Rechenschaft fordert über Hoffnung, die euch erfüllt" heißt es in 1 Petr 3,15. Teile ich meine Hoffnung, für mich, für uns, für diese Welt?

Und neben der Hoffnung müssten wir genauso auch ein Ort sein, wo unsere Enttäuschungen und Verletzungen zu Wort kommen. Ein

Ort der Verwundbarkeit. Ein Ort, an dem ich für meinen Schmerz nicht kritisch beäugt werde und mein Leiden nicht wegdiskutiert wird. Ein Ort, an dem ich keine Maske tragen muss.

Ich merke, wie sehr es andere Menschen ermutigt, ihre eigenen Herausforderungen zu äußern, wenn ich etwas von meinen erzählt habe. Wenn ich erwähne, dass ich sehr unter Prüfungsangst gelitten habe, fühlen sich andere ermutigt, mir den Druck anzuvertrauen, unter dem sie stehen. Erzähle ich in einer Predigt von dem dämonischen Gefühl, nichts wert zu sein, kann ich sicher sein, dass andere mir nachher erzählen, in welchen Situationen es ihnen so geht. Habe ich eigenes Leiden nicht ausgespart, fühlen sich auch andere sicher genug, ihre Päckchen dazuzulegen. Seit ich mich beruflich mehr mit dem Thema Missbrauch beschäftige und das auch immer wieder erwähne, habe ich unzählige Geschichten von Menschen erzählt bekommen. Sie hätten sich keinen Seelsorger oder Therapeuten gesucht, aber ihnen tat es gut, es einmal erwähnen zu können und gehört zu werden, ohne große Barriere. Sie mussten nicht mühsam das Thema beginnen, sondern es war schon im Raum. Und nachher gingen wir auseinander und ein wenig Scham war genommen, ein bisschen Tabu gebrochen. Begegnung hat stattgefunden. Eine Vertrautheit war da, dass es in Ordnung ist, wenn nicht alles in Ordnung ist, dass ich mit Dingen zu kämpfen habe und das auch ok ist – anderen geht es genauso.

Vor einer Lesung war ich unglaublich nervös. Ich kam mir vor wie die größte Versagerin: „Warum wollen die Leute denn deine Texte hören? Die gehen bestimmt alle nach dem ersten …“ In meinem Gehirn hatte die komplette Abwärtsspirale begonnen. Ich zitterte innerlich und fürchtete, bestimmt noch zu stolpern oder ähnliche Peinlichkeiten beizutragen. Wertlos und fehl am Platz fühlte ich mich. Da war mir klar: „Du bekommst dich nur runtergefahren, wenn du das sagst, sonst fühlst du dich hier fremd …“ Und ich begann die Lesung mit den Worten: „Ehrlich gesagt fühlt es sich komisch an, hier zu stehen und eigene Texte vorzulesen. Ich bin ganz schön nervös und komme mir total überheblich vor. Aber – ihr habt Getränke und Kuchen und gute Musik ist auch da, das wird helfen!“ So viel aufmunterndes Lächeln wie an jenem Abend bekam ich selten. Ich fühlte mich angenommen, mit meiner Angst. Damit war sie ein ganzes Stück in den Hintergrund katapultiert worden.

Herausforderungen gehören zu unserem Leben dazu. Wenn ich sie ausdrücken kann, bin ich schon ein großes Stück weiter, kann mich von ihnen distanzieren und sie, zumindest sprachlich, aus mir herausstellen. Wenn ich sie dann noch jemandem anvertraue, bekommen sie immer weniger Macht über meine Seele. Warum also nicht auch einmal die Leidensgeschichten statt der Liebesgeschichten teilen? Die Hoffnung, dass sie von Gott gehört sind, jedes einzelne Wort, kann uns ermutigen!

Geschichten des Gelingens erzählen lassen

Von den Leidensgeschichten komme ich schnell auch zu den Geschichten des Gelingens. Zumindest dann, wenn ich meinen Blick dafür öffne: Ein Mann um die fünfzig erzählte mir nach einem Gottesdienst in der Klinik, dass er mit dreizehn oder vierzehn Jahren von einem Priester „in der Sakristei nach dem Gottesdienst viel zu intim berührt" worden sei. Das sei schlimm für ihn gewesen, weil dieser junge Kaplan für ihn so ein großes Idol war und ihm schon so viel fürs Leben beigebracht hatte. Ein echter Vertrauter. Diese ganze Erschütterung war durch die Medienberichte wieder hochgekommen. Ich hörte ihm eine ganze Weile lang zu. Irgendwann sagte ich: „Dass Sie noch glauben, dass Sie in den Gottesdienst gehen – wie haben Sie das gemacht?"

„Ich hab Gott das alles erzählt und ich hatte dabei das Gefühl, dass er sich mit mir aufregt. Das tat mir gut. Ja, und dann dachte ich ans Fußballspielen und mir fiel ein: Das ist die Lösung! Wenn ich in den Fußballverein gehe, dann kann ich nicht mehr ministrieren! Meinen Eltern war das ganz recht so und ich war weg von dem Kaplan."

„Das freut mich, dass Ihnen das gelungen ist. In alldem Schrecken haben Sie einen Weg gefunden, sich zu schützen."

„Ja, und ich habe es irgendwie Gott zugeschrieben. Ich hatte den Eindruck, er schickt mir den Gedanken. Deshalb hat das Ganze meinen Glauben, denke ich, nicht erschüttert. Gott war mein Verbündeter."

Und er erzählte noch lange, freute sich, von seinem gelingenden Weg mit Gott zu berichten. Zum Schluss sagte er: „Meine Geschichte habe ich schon ein paar Mal erzählt, aber ich habe noch nie erzählt, wie dankbar ich Gott bin, dass er mich vor noch Schlimmerem bewahrt hat! Danke!“

Die meisten Leidensgeschichten haben auch Geschichten des Gelingens. Meistens gibt es irgendeine Zuflucht, die geholfen hat, irgendetwas, das am Leben hielt: ein Hobby, eine Person, die es gut mit einem meinte oder auch das Verdrängen. Auch Verdrängen kann eine Geschichte des Gelingens sein: Wenn in frühen Jahren Gewalt erfolgte, ohne Chance da herauszukommen – da ist es doch später besser zu verdrängen, als diese Geschichte immer im Kopf zu haben? Die Seele weiß schon, wann sie die Erinnerungen tragen kann. Zumindest in den meisten Fällen.

„Wie hast du es denn dann bis hierher geschafft?“ Eine Frage, die sich Betroffene meist nicht stellen, aber es tut ihnen gut, wenn sie sehen, was sie geschafft haben, trotz der großen Verwundungen. Nach einer Zeit des Erzählens oder dann, wenn der Erzählende um das Geschehene kreist, ist es gut, eine andere Perspektive mit hinein zu nehmen: „Fühlst du dich dennoch bei irgendetwas sicher?“ – „Gibt es trotzdem Momente, in denen du dich heil fühlst?“ – „Welche Kraft ist da in dir, dass du trotzdem diesen und jenen Beruf erlernt hast!“ – „Dass du noch glauben kannst, bei alldem, was du erlebt hast!“

Natürlich sollte dieser Wechsel nicht zu früh erfolgen: Es muss erst einmal das Gefühl da sein, dass das Leiden gehört und ausgehalten wird. Doch dann tut es gut, dem Betroffenen zu helfen, auch das wieder zu sehen, was gelungen ist. Es sind immer auch gesunde und unverwundete Anteile da. Manchmal sind diese sehr klein, kaum zu entdecken. Aber ich glaube, bei jedem, der lebt, da gibt es diese Anteile, da ist nicht die ganze Seele ermordet. Und dieser kleine noch heile Anteil, der kann ausstrahlen und Auferstehung schenken. Seien wir doch Auferstehungshelferinnen, indem wir mit Hoffnungsaugen die verdeckten heilen Stellen entdecken helfen!

Wertschätzen der Lebensleistung

„Der Betroffene“ ist mehr als „der Betroffene“ – er ist auch begeisterter Fußballfan, großherziger Familienvater, naturverbundener Wanderer, Hobby-Gitarrenspieler und Kunstliebhaber und sie ist auch beste Freundin, liebevolle Mutter, Einrichtungsästhetin, begnadete Handwerkerin und Fantasyliebhaberin. Wenn es sich auch manchmal so anfühlt – für die Betroffenen wie für Außenstehende –, dass sich alles um das Trauma herumgruppiert (das Trauma bestimmt, was mich zu sehr antriggert und was nicht, was ich mir zutraue und wovor ich lieber zurückweiche und ist in meinen Reaktionen immer wieder präsent), so ist die Person doch eindeutig mehr als das Trauma.

Da ist der Gitarrenspieler, der zwar seit dem Missbrauch Angst hat, im Mittelpunkt zu stehen, aber dennoch die Band begleitet, oder die liebevolle Mutter, die immer wieder daran denken muss, wie sehr ihr in alldem eine liebevolle Mutter gefehlt hat. Betroffene denken nicht den ganzen Tag an den geschehenen Missbrauch. Wenn er auch viel beeinflusst hat – vieles hat sich trotzdem und manches gerade deshalb entwickelt. Vielleicht hat gerade der Umstand, dass die Mutter als Unterstützung gefehlt hat, um dem Missbrauch zu entfliehen, dazu geführt, dass sie heute eine Mutter ist, die ihren Kindern so nahe ist, dass sie mit allem zu ihr kommen. Und vielleicht hat sein Gitarrespielen ihm über manche einsame Stunde hinweggeholfen und vielleicht hat die Band dazu geführt, einen Rest Selbstwert zu bewahren.

Lass dir erzählen – vom Alltag, von Hobbies, von dem, was der andere gern macht, wie sie den freien Sonntag verbringt, was ihm im Urlaub wichtig ist und woher die interessante Handtasche kommt! Halte Ausschau nach dem, was die andere begeistert, wo die Augen zu strahlen beginnen und hake nach, wenn der andere sich aufrichtet im Erzählen! Es tut doch so gut, mit dem gehört zu werden, was einem wichtig ist!

Für die Beziehungsgestaltung mit Traumabetroffenen ist es hilfreich, Andockpunkte zu finden, die weitergefasst sind als der Missbrauchshintergrund beziehungsweise die den Vordergrund vor dem Hintergrund zu finden helfen. Es tut ihnen gut zu erleben, dass sie als Personen, als Individuen gesehen werden, denen nicht nur etwas geschehen ist, sondern die auch selbst prägen und gestalten.

Oft wagen wir es nicht, die strahlenden Eigenschaften des anderen herauszustellen. Wir haben es verlernt, den anderen ausdrücklich wertzuschätzen. Doch jeder und jede von uns weiß, wie gut das tut: Wenn ich gesehen werde als eine Person mit ihr ganz eigenen Fähigkeiten.

Betroffene haben ihr Leben in der Regel mit einem höheren Stresspegel verbracht. Ein erhöhtes Alarmsystem hat Kraft gekostet. Welche Trotzmacht des Lebens ist da am Werk, dass man trotz aller Verletzungen wieder aufsteht und Beziehungen eingeht? Wenn ich von einem Priester missbraucht wurde – was für eine Lebensleistung, weiter nach Gott zu suchen! Wenn ich eine männliche Übermacht erlebt habe – was für eine Lebensleistung, sich dennoch auf einen Partner einzulassen und zu heiraten! Es tut gut, sich neben der zerstörerischen Kraft des Geschehenen die Kraft zum Guten und zum Leben, die hinter solch einer Bewältigung steckt, immer wieder aufs Neue bewusst zu machen.

Interesse am Blick der Betroffenen auf die Welt zeigen

Wer Übergriffe erlebt hat, hat erfahren, dass die eigene Meinung gebrochen wurde beziehungsweise erst gar nicht von Interesse war. Wie sie sich dabei gefühlt hat, ob er es will oder nicht, spielt keine Rolle. Der Täter nimmt in Kauf, seine Macht durchzusetzen, ohne dabei das Opfer als Person mit dem Recht auf Selbstbestimmung und eigene Grenzen zu sehen. Er nimmt das Opfer als Objekt wahr, ein Lustobjekt, über das er die Macht hat.

Und diese Erfahrung, dass die eigene Person komplett ignoriert wurde, sitzt oft tief. Man hat in einer sehr verletzlichen Situation erlebt, dass keine Rücksicht auf die eigene Meinung genommen oder sie bewusst gebrochen wurde. Häufig hat sich diese Erfahrung weiter durchgezogen und man ist von Menschen, denen man versucht hat, sich anzuvertrauen, nicht gehört worden. Vielleicht hat man jemandem gesagt, was passiert ist, und einem wurde nicht geglaubt, man hat vorsichtig Andeutungen gemacht und auf diese wurde nicht eingegangen oder man hat sich stark verändert, aber auch da hat niemand versucht zu ergründen, was dahintersteckt.

Dieses Nicht-gehört-worden-Sein kann sich später auf zwei Arten zeigen: Entweder ich bin innerlich verstummt, beuge mich der Meinung anderer, habe nicht das Gefühl, dass ich selbst etwas zu sagen habe und passe mich dem anderen an. Mitunter wirkt jemand dann mitläuferisch, wie ein Duckmäuschen. Oder ich versuche, mir besonders Gehör zu verschaffen, weil ich nicht wieder überhört werden möchte. Ich möchte nicht mehr alles mit mir machen lassen und lege besonders viel Wert darauf, dass meine Sicht der Dinge eine Rolle spielt. Mit Nachdruck vertrete ich meine Meinung, weil ich damit rechne, dass ich besonders deutlich werden muss, damit man mich überhaupt wahrnimmt. Mitunter kann das aggressiv und arrogant wirken. Beide Verhaltensweisen jedoch kommen aus der gleichen Erfahrung: Man hat mich nicht gehört und gesehen und das hat zutiefst verletzt. Beide Verhaltensweisen sind ein Versuch, neuen Verletzungen aus dem Weg zu gehen, nur auf unterschiedliche Weise.

Bei beiden Verhaltensweisen hilft es, Interesse zu zeigen an der Sicht des anderen: Was möchtest du und warum? Wie siehst du das? Was sind deine Gedanken dazu? Einmal mehr nachzufragen, macht oft den Unterschied, damit sich jemand tatsächlich gesehen fühlt.

Ein kleines alltägliches Beispiel: Abgestimmt wird über ein neues Logo. Welches passt besser zu unserer Kirchengemeinde? Vier sind für Variante eins, einer für Variante zwei. Jetzt könnte ich einfach sagen: vier zu eins, klares Ergebnis. Nächster Tagesordnungspunkt. Was würde jedoch geschehen, würde ich nun jeden fragen, und besonders die Gegenstimme: Was löst denn das Logo in dir aus? Warum das und nicht das andere? Welche Gedanken kommen dir dabei? Quasi die Bonusfrage, an der man merkt, dass es nicht nur um ein schnelles Ergebnis, sondern um ein echtes Hören und Verstehen-Wollen des anderen geht. Wie anders wird es dem einen wohl gehen, wenn seine Meinung gehört wurde? Und wer weiß, vielleicht führen seine Ideen ja zu einer Modifizierung, die dann noch mehr Leute anspricht?

Oder das Grillen beim Ehrenamtsfest: „Hm, der Kartoffelsalat schmeckt gut, wie bei meiner Oma!“ – „Ja, der schmeckt wirklich gut!“ Wie würde sich das Gespräch verändern, wenn ich weiter fragen würde: „Hat deine Oma den auch mit Gewürzgurken gemacht? Hast du oft bei deiner Oma gegessen? ...“ Diese Fragen zeigen ein Interesse, das über Smalltalk hinausgeht. Eine Nachfrage, die heilsam sein kann, weil die Person mit ihrer Wahrnehmung eine Rolle spielt. Man erfährt: Ich werde gehört und meine Meinung ist von Interesse. So werden sich die Duckmäuschen öfter trauen, ihre Sicht dazuzulegen, und die Vehementen werden Nachdruck zurücknehmen können.

Doch wenn wir über Wahrnehmung sprechen: Was ist mit denen, die so tief verletzt sind, dass sie sich tatsächlich schwertun, wahrzunehmen, was ihnen guttut und was nicht? Mit denen, die sich das Fühlen und Wahrnehmen abgewöhnt haben, weil es zu schmerzhaft ist? Geht das überhaupt? Ja, das geht! Und zwar am besten mit Wahlfragen! Wenn ich bei jemandem merke, dass er sich schwertut zu sagen, was er gern möchte, biete ich eine Wahl an. Statt „Möchtest du etwas trinken?" sage ich: „Ich habe Kaffee, Tee und Wasser da. Was möchtest du trinken?". Oder statt „Was würde dir jetzt guttun?" frage ich: „Würdest du jetzt lieber noch weiter spazieren gehen oder sollen wir uns da ein bisschen auf die Bank setzen?".

Wenn ich eine Wahlmöglichkeit gebe, spürt der andere schneller eine Präferenz. Und wenn die andere Person tatsächlich nicht spürt, was sie lieber tun würde, wird sie dennoch das eine oder das andere sagen, wenn vielleicht auch nach einem ersten „mir egal". Hake ich dann nach, weil es mir auch egal ist, wird es eine Entscheidung geben und mit jedem Aufruf, selbst entscheiden zu dürfen und dem gezeigten Interesse an der eigenen Präferenz, wird in ihr Schritt für Schritt eine gute Wahrnehmung zurückkehren können. Auf jeden Fall wird es in ihr einen Unterschied machen, dass sie gefragt wurde – auch wenn vielleicht noch keine zielführende Antwort kommen kann.

Ermutigung zur Selbstermächtigung

Aus diesen Gründen ist es wichtig, zur Selbstermächtigung zu ermutigen. Dass Betroffene auch eine Macht haben und nicht ohnmächtig ausgeliefert sind, muss oft mühsam wieder gelernt werden. Es braucht unzählige Erfahrungen, dass eigenes Verhalten die Macht hatte, etwas zu verändern und zu gestalten, um die Ohnmachtserfahrungen zu überschreiben. Wie oft muss wohl ein „Nein" gehört werden, um das ungehörte „Nein" zu überschreiben? Um dahin zu kommen braucht es häufig eine Phase der Ermutigung: „Sag ganz ehrlich: Möchtest du heute Abend noch einen Film schauen oder nicht? Ein Nein ist auch völlig in Ordnung!", „Kannst du dir vorstellen, das Fest mit vorzubereiten? Wenn dir das zu viel ist, ist das aber auch völlig ok!" oder „Ich könnte mir dich total gut im Vorstand unseres Chores vorstellen. Aber schau bitte selbst, ob das zu dir passt und ob das gerade für dich dran ist!" Eine Ermutigung zum Neinsagen ist sehr hilfreich, um sich zu trauen, Nein zu sagen. Und jede Erfahrung eines gehörten Neins ist eine Erfahrung wider der erlebten Ohnmacht. Nur: Wenn du das Nein anbietest, dann nimm es auch ernst! Es ist wenig hilfreich, wenn du dann doch das Überreden anfängst oder nachher beleidigt bist, weil ein Nein kam.

Eine andere Ebene der Ermutigung ist die des Zutrauens: Welche Gabe kann die andere hineingeben? Was macht sie aus? Kann ich hier ermutigen? „Du hast den Text beim Kirchengemeinderat so gut vorgelesen: Kannst du dir vorstellen Lektorin zu werden?", „Du spielst doch Posaune – könntest du dir vorstellen, in einer kleinen Kombo einmal etwas vorzubereiten?" Oder: „Du bist doch noch recht neu in der Gemeinde: Kannst du uns einmal sagen, was dir das Ankommen erleichtert hätte? Du bist noch so nah dran!", „Du bist doch Rettungssanitäterin – hättest du Lust, mal einen Erste-Hilfe-Kurs anzubieten?" Betroffene werden sich von sich aus selten in den Vordergrund stellen. Und doch wird es ihnen guttun, wenn sie erleben, dass sie Gaben haben, die wertgeschätzt werden. Warum also nicht ermutigen? (Auch das, übrigens, tut allen gut!)

Ich erinnere mich an Sandra. Sie wirkte sehr unsicher, versuchte, es allen recht zu machen. Ich wusste um ihre Lebensgeschichte: Über drei Jahre wurde sie als Jugendliche von ihrem älteren Bruder missbraucht. Sie war bastlerisch unwahrscheinlich begabt und hatte viele Ideen, unterschiedlichste Sterne zu falten und daraus traumhafte Girlanden zu gestalten. „Kannst du dir nicht vorstellen, in der Adventszeit einen Workshop anzubieten? Ich kümmere mich ums Drumherum: geistlicher Text zum Beginn, Punsch und Kuchen und dann leitest du uns im Basteln an und alle gehen froh mit toller Deko nach Hause!"

„Meinst du wirklich?"

„Ja, ich würde gerne etwas Kreatives anbieten, aber bin da wirklich nicht begabt."

Der Nachmittag war ein voller Erfolg. Sie blühte im Erzählen auf und danach war sie viel mehr im Kontakt mit den anderen – und wir hatten alle schön funkelnde Girlanden!

Ehrlichkeit und Authentizität

Betroffene haben ein ausgeprägtes Alarmsystem. Das bedeutet, dass sie schnell merken, wenn etwas in der Luft liegt. Sie spüren, wenn jemand ihnen nur etwas vorspielt, und beziehen die schlechte Atmosphäre auf sich. Gleichzeitig haben sie es erlebt, dass ihr Vertrauen missbraucht wurde: Jemand, der vorgegeben hat, sie zu lieben, hat sie zutiefst verletzt. Um sich vor neuen Verletzungen zu schützen, werden daher die Äußerungen anderer und die empfundene zwischenmenschliche Atmosphäre auf die Goldwaage gelegt. Ablehnung, die im Raum steht, wird dabei jedoch nicht beim anderen, sondern zumeist bei sich selbst gesucht. Wenn auf die Frage „Wollen wir noch etwas trinken gehen?" als Rückmeldung nicht ein klares Nein kommt, sondern der Versuch, sich herauszumanövrieren, dann fantasiert ein Betroffener schnell, dass der andere etwas gegen ihn hat und nicht mit ihm etwas trinken möchte. Ein „Nein, heute nicht, ich habe noch so viel zu tun, da gerate ich sonst unter Stress" ist besser als ein halbherziges Dabeisein oder die Hoffnung, dass der andere nicht noch einmal fragt. Noch besser wird es natürlich dann, wenn damit direkt eine Einladung verbunden ist: „Aber nächste Woche, nach dem Gottesdienst, da vielleicht? Hast du da Zeit? Da bin ich nicht mehr so im Stress."

Doch was, wenn es wirklich am anderen liegt, dass ich keine Lust mehr habe? Wenn es mir, warum auch immer, zu anstrengend wurde? Wenn die Gesellschaft des anderen mir gerade nicht guttut? Auch dann ist es besser, es ehrlich zu sagen, statt fadenscheinige Ausreden zu finden. Am besten natürlich so, dass der andere es so gut wie möglich nachvollziehen kann: „Ich muss unser intensives Gespräch erst einmal sacken lassen. Ehrlich gesagt brauche ich jetzt etwas Leichtes und Entspannendes. Das tut mir leid, aber ich bin dir gerade keine Hilfe." Eine ehrliche Rückmeldung ist eine, mit der der andere etwas anfangen kann. Es gibt so wenigstens die Chance, auch die Seite des anderen einzubeziehen: Ja, mein Erzählen war anstrengend, aber es liegt auch daran, dass ihr Akku aufgebraucht ist. Das heißt nicht, dass sie mich nicht ausstehen kann, nur, dass jetzt bei ihr eine Grenze erreicht ist. Je klarer, desto besser kann der andere differenzieren. Sonst bleibt es schnell bei: „Ich bin falsch, man mag mich nicht."

Ehrlichkeit und Authentizität helfen dabei, Sicherheit in der Beziehung zu gewinnen. Es ist nicht angenehm zu hören, wenn jemand dir sagt, was ihn an dir stört oder was das Zusammensein mit dir schwierig macht, was er sich anders wünschen würde. Das verletzt oft im ersten Moment. Im zweiten Moment ist dann aber klar, dass man sich beim anderen darauf verlassen kann, dass er immer die Wahrheit sagen wird. Und dieses Gut ist letztlich höher als eine gefühlte Unsicherheit. Doch bei aller Ehrlichkeit: Bitte gut auf Ich-Botschaften achten!

Grenzen achten

Betroffene mussten erleben, dass ihre Grenzen ignoriert wurden. Grenzen, die geachtet oder nicht geachtet werden, spielen also eine große Rolle im Leben Betroffener. Zwei unterschiedliche Reaktionen sind möglich: Entweder es werden sehr schnell Grenzen hochgezogen, um keine weiteren Verletzungen erleiden zu müssen. Oder es werden keine Grenzen gesetzt, weil man das Gefühl hat, das sei einem nicht erlaubt.

Egal, ob schnell hohe Grenzen gesetzt werden oder fast gar keine: Grenzen achten hilft in beiden Fällen. Es tut Betroffenen gut, wenn sie spüren, dass man sie ernst nimmt und ihre Grenzen akzeptiert. Eine heilsame Erfahrung, die dazu führen kann, sich wieder sicherer zu fühlen.

Was genau sind solche Grenzen? Manchmal können es schon kleine Dinge sein: Da möchte jemand nicht mit ins Freibad bei einer Freizeit beziehungsweise möchte sich nicht umziehen und schwimmen gehen. Ist das ok? Oder versuchst du zu überreden, dass doch alle im Badeanzug sind? Oder da ist die entspannende Rückenmassage auf einem Meditationswochenende im Abendgebet. Ist da ein einfacher Raum für ein Nein oder „hat jeder mitzumachen"?

Marina wollte bei einem Ministrantenleiterwochenende nicht wie alle anderen mit ins Freibad. Ich merkte, wie sie nach einer Ausrede suchte: „Die Sonne ist mir zu viel – da bekomme ich nur Sonnenbrand." Mehrere probierten sie zu überreden: Da wird es schon genug Schatten geben. „Ich habe eh mein Schwimmzeug nicht dabei." –

„Ach, ich hab einen zweiten Badeanzug, ich leih dir meinen!" Ihr Blick wurde verzweifelter und ich ahnte, dass es nicht darum geht, dass sie keine Lust hat, sondern ihr ein Freibadbesuch so unangenehm ist, dass sie da nicht hinmöchte: „Hm, es ist wirklich extrem heiß! Hier gibt es in der Nähe auch eine kühle Schlucht mit einer Quelle – ich könnte mir auch vorstellen dahin zu gehen. Wir können uns ja aufteilen: Wer möchte ins Freibad und wer hat genug von der Hitze und kommt mit in die Schlucht?" So gab es dann zwei Gruppen. Ich sah Marinas erleichterten Blick. Was ihr Hintergrund war, weiß ich nicht. Das spielt auch keine Rolle. Aber es wurde eine Grenze sichtbar. Warum dann keinen Ausweg bieten?

Ein anderes klassisches Beispiel ist die Frage nach Körperkontakt: Wie gehe ich mit Umarmungen um? Es gibt gemeindliche Kontexte, die da recht schnell sind, andere langsamer. Während ein „erstes Mal" Umarmen manche gar nicht bemerken, weil sie „jeden" umarmen, und andere es bewusst nutzen als eine Aussage zur Vertrautheit („Für mich gehörst du jetzt dazu!"), kann es manche Betroffene unter Druck setzen und unangenehm sein. Gerade die Umarmung mit Menschen, die das gleiche Geschlecht haben wie der Täter oder die Täterin, werden oft als unangenehm empfunden. Was ist hier ein guter Umgang? Es ist ja nicht böse oder übergriffig gemeint, sondern soll Zuneigung und Wertschätzung zeigen. Außerdem tun uns Menschen Berührungen gut. Was also tun?

Ich mache es folgendermaßen: Wenn ich mir bei jemandem auch nur eine kleine Unsicherheit wahrnehme, frage ich: „Ich würde dich jetzt umarmen, weil ich mich freue, dich zu sehen. Aber da ticken Leute sehr unterschiedlich. Bist du der Umarmungstyp oder eher nicht?" Die Frage bietet Freiraum: Ohne, dass das Nicht-Umarmen etwas über die konkrete Beziehung aussagt, kann der andere „Nein" sagen: „Ich bin nicht so der körperliche Mensch, ist mir eher fremd." Damit ist die Unsicherheit geklärt, ohne dass sich jemand zurückgewiesen fühlen muss oder über seine Grenzen gegangen ist, um Zuneigung wertzuschätzen.

10. Glaube und Missbrauch

In diesem Teil des Buches steht die Frage danach im Mittelpunkt, ob und wenn ja, wie Glaube bei der Bewältigung von Missbrauch hilfreich sein kann. Was kann in unseren Gemeinden helfen, damit ein Glaube erlebbar wird, der unterstützt und nicht traumatisiert?

Wenn Missbrauch innerhalb der Kirche stattfand

Findet Missbrauch innerhalb der Kirche statt, durch Priester, Diakone oder Ordensleute, dann hat das in der Regel auch starke Folgen im Bereich des Glaubens. Oft waren es Glaubensmotive, die genutzt wurden, um den Missbrauch zu rechtfertigen: „Ich lasse dich die Liebe Gottes erfahren" oder sogar die Verknüpfung damit, dass der Priester sonst ja auch „in persona christi" (an Christi Stelle) handelt: „Dann muss das doch alles Gottes Wille sein?"

Nicht nur die Vertrauensbeziehung zum Täter wird hier missbraucht, sondern auch die Gottesbeziehung: „Wie kann ein Mann Gottes so mit mir umgehen? Ist das von Gott ‚abgesegnet'?" Oft wird dadurch lange nur untergründig gespürt, dass da etwas falsch ist. Die göttliche Legitimation hat eine ungeheure Macht, auch auf ein gesundes Unrechtsempfinden. Je enger der Kontakt zur Kirche und je jünger das Opfer ist, desto stärker der Schaden für die Gottesbeziehung. Gott wird – im besten Fall – zu einem fernen Gott: Er war nicht da, um mir beizustehen, hat sich nicht für mich interessiert … Häufig sind starke Verdrehungskonstrukte im Weg, die Gott als den erscheinen lassen, der „unser Geheimnis gutheißt".

Es ist ein kleines Wunder, wenn es Betroffenen gelingt, zwischen dem Gott, der ihnen durch den Täter vermittelt wird, und dem Gott unseres Glaubens zu unterscheiden. Manche haben das Glück, dass sie beides trennen können, andere kämpfen sehr lange darum, wieder zu einem heilsamen Gottesbild zu gelangen und wieder andere distanzieren sich von der Kirche oder auch von Gott, um heilen zu können.

Wenn der Missbrauch in der Kirche geschehen ist und der Glaube die Tat überlebt oder später wieder wichtig wird, suchen sich Betroffene sehr oft jedoch neue Kontexte. Das alte Umfeld bleibt in der Regel kein Umfeld für Glaubensfragen. Es braucht neue Orte und neue Personen, um auch neue Erfahrungen machen zu können.

Durch den erlebten Missbrauch sind viele Orte, Rituale und Worte vergiftet worden. Wenn er im Kontext der Beichte stattfand, zerstört diese Erfahrung auch sehr oft den Zugang zum Sakrament. Hat der Pfarrer gern eine bestimmte Bibelstelle zur Legitimierung verwendet, wird diese Bibelstelle nicht mehr völlig losgelöst von dem Schrecken der Tat gehört werden können. Geschah der erste Missbrauch nach der Osternacht, wird das Fest ein gewisses Gepräge behalten. Trug der betreffende Priester gern sehr prunkvolle, traditionelle Messgewänder, werden die Alarmglocken schrillen, wenn ein Priester in solcher Kleidung zelebriert. Vergiftete Erfahrungen sind vergiftete Erfahrungen und das Gift verschwindet auch nicht, indem man es einfach aushält und abwartet, dass es schon wieder verschwindet. Bestenfalls schwächt sich die Negativerfahrung ab. Heilsam wird eine einmal vergiftete Erfahrung selten wieder werden. Hier geht es daher eher darum, neue Wege zu finden – zum Beispiel statt der Beichte ein Erneuerungsgespräch in einem anderen Setting, eine Gemeinde mit schlichter liturgischer Kleidung, statt der Osternachtsfeier eine Auferstehungsfeier am frühen Morgen …

Wenn Betroffene sich so äußern, ist es gut, sie zu ermutigen, ihrem ablehnenden Gefühl nachzugeben und nach einer Umgebung zu suchen, die ihnen sicher erscheint. Eine angegriffene Gottesbeziehung wird besser in einem sicheren Umfeld gedeihen, als in einem, wo Betroffene ständig mit ihren Triggermomenten umgehen müssen.

Doch nicht nur, wenn der Missbrauch im kirchlichen Kontext stattgefunden hat, hat dies Konsequenzen für den Glauben. Das Wissen darum, dass auch in Kirche Missbrauch stattfindet, macht für Betroffene etwas mit der Sicherheit des Ortes Kirche und verstellt so manches Mal den Zugang zu Glaubensvollzügen. Eine große Zahl der Kirchenaustritte geht auf „indirekt Betroffene“ durch den Missbrauchsskandal zurück – eben auf die, die nicht (mehr) bereit sind, zu einem System dazuzugehören, in dem solches Unheil nicht nur geschieht, sondern auch vertuscht wird.

Zwei Gespräche mit Frauen jenseits der achtzig hatte ich letztens an einem Tag. Beide drehten sich um den Umgang der Kirche mit Missbrauch und der Frage nach Bleiben oder Gehen.

Die erste Frau erzählte mir, sie könne nur bleiben, wenn sie immer wieder ihren Unmut erzählt. Deshalb hatte sie mich um das Gespräch gebeten. Selbst hatte sie keinen Missbrauch erlebt, war aber als Kind Zeugin des Missbrauchs vom Vater an der Mutter geworden: „Ich bleibe, ich gehe nicht, zumindest noch nicht. Vom Gehen verändert sich ja auch nichts. Aber ich halte es in Eucharistiefeiern nicht mehr aus! Ich ertrage es nicht, wenn ein Priester die Worte Jesu spricht: ‚Das ist mein Leib!' Dann muss ich an all die Priester denken, die Menschen missbraucht haben und sich dahinstellen, als wären sie Jesus. Mir ist dann, als würden sie Jesus zum Mittäter machen."

Auf die zweite Frau traf ich im Pfarrbüro. Sie wollte aus der Kirche austreten und dachte, dass man das auch im Pfarrbüro könne. So kamen wir ins Gespräch. Sie erzählte erst einmal, dass die Doppelmoral und der fehlende Wille zur Aufarbeitung sie so wütend machen würden, dass sie sich jetzt entschlossen habe zu gehen. So einiges an Machtstrukturen kritisierte sie. Ich erzählte, wie wir konkret in der Gemeinde mit einigem umgehen und sie war davon sehr angetan: „Vielleicht kann ich ja doch bleiben?" Eine nachdenkliche Pause folgte und sie ergänzte: „Nein, ich brauche das, ich brauche das als Befreiungsschlag. So lang hat man mir einen strafenden Gott eingebläut. Man hat mich in der Kirche immer kleingehalten. Parieren durften wir, aber keine eigene Meinung haben. Zuhause wurde viel geschlagen. Immer mit der Begründung, ich sei zu frech und der liebe Gott würde mir schon eines Tages zeigen, was ich davon hätte, wie ich mich verhalte. Mit dieser Angst habe ich mein Leben lang gelebt. Eigentlich bis vor ein paar Jahren. Mich hat das ganze Berichten über den Missbrauch in der Kirche befreit. Ja, wirklich: Und ihr bildet euch ein, mir zu sagen, wie ich zu leben habe? Da habe ich beschlossen: Ich glaube an einen liebevollen Gott und euer Gerede interessiert mich nicht mehr." Ich bestärkte sie: „Dann ist das jetzt dran, dann braucht es den Schritt jetzt. Ich bin mit Ihnen dankbar, dass Sie dennoch einen Glauben an einen liebevollen Gott gefunden haben. Und: Wenn Sie einmal etwas brauchen, stehen unsere Türen offen, auch ausgetreten!"

Zwei Gespräche an einem Tag mit ähnlichem Inhalt, aber mit unterschiedlichem Ausgang, der doch für beide so genau richtig war: für die eine das Bleiben, für die andere das Gehen. Zwei Erzählungen, die aber auch zeigen, welchen Einfluss Verfehlungen in der Kirche auf den Glauben der Menschen haben. Und beide Male Menschen, die nicht einmal Missbrauch im Raum der Kirche erfahren hatten. Zwei Gespräche, die mir umso mehr gezeigt haben, wie wichtig es ist, einen guten Blick darauf zu haben, was Einzelnen den Zugang zum Glauben verstellen kann. Und genauso aber auch zwei Gespräche, die mir gezeigt haben, dass Gott oft größer ist und dennoch Wege findet. Was jedoch keinerlei Entschuldigung dafür wäre, nicht alles dafür zu tun, dass in unseren Gemeinden ein Gott erfahren werden kann, der uns Menschen liebt, gerade auch mit unseren Verwundungen.

(Wie) kann Glaube eine Ressource sein?

Glaube kann dann eine Ressource sein, wenn er befreit wird von dem, was durch den Missbrauch vergiftet wurde. Ist der Grad der Vergiftung zu hoch, dann gilt es zu respektieren, dass Glaube gerade nicht das ist, wo jemand die Möglichkeit hat, Heilung zu erfahren. Was unterlassen werden sollte, sind Sätze wie: „Ich glaube, wenn du wieder beginnst zu beten, kann dir das helfen zu heilen!“ oder „Vertrau dich Gott an, mit alldem: Du kannst zu ihm zurückkommen.“ Wichtig ist, zu nichts zu drängen und zu respektieren, dass Glaube gerade nicht als hilfreich empfunden wird. Manchmal wurde der Zugang so zerstört, dass es hilfreicher ist, Ressourcen in anderen Bereichen zu finden.

Interessant sind dennoch folgende Unterscheidungen: Vielleicht ist eine Kirchengemeinde keine Ressource mehr, weil der Missbrauch in einer Kirchengemeinde stattfand, aber es ist eine Sehnsucht nach einem Gott da, der das Klagen hört. Vielleicht sind auch christliche Glaubensinhalte zu sehr vergiftet worden, um in ihnen noch Heimat zu finden, aber eine Sehnsucht, das Leben spirituell zu gestalten, ist noch lebendig. Da Spiritualität in einem weit gefassten Begriff eine sehr hilfreiche Ressource ist, um mit leidvollen Ereignissen umzugehen, sollte bei einer vorhandenen Grundsehnsucht ermutigt werden, einen eigenen Zugang zu finden. Und das immer unter der Prämisse:

Was bringt dir einen Glauben näher, der dich ermutigt, dein Leben zu gestalten? Welche Vollzüge und Gottesbilder tun dir gut, um Halt und Sicherheit in deinem Leben zu gewinnen? Was hilft dir, den erlebten Schrecken zu bewältigen? Die Betroffenen sind die Expertinnen ihrer Gottessuche. Doch wenn sie ermutigt werden, nach eigenen, neuen Zugängen zu suchen, kann das sehr unterstützend sein, damit sich Türen zu Gott wieder öffnen können.

Eine große Prämisse ist hier die der absoluten Freiwilligkeit, gepaart mit der Ermutigung zu lassen, was nicht guttut. Da Betroffene Grenzüberschreitungen erleiden mussten, ist es heilsam für sie, wenn sie einen Raum erleben, in dem man ihre Grenzen achtet. Das fängt schon bei Kleinigkeiten an: Im Bibelgesprächskreis erlauben, dass jemand sich nicht äußert, wenn er nicht möchte, zum Entzünden einer Kerze einladen, aber Auswege bieten, wenn jemand nicht möchte, im Chor nicht in die erste Reihe vors Mikro zwingen, auch wenn die Person sehr gut singen kann …

Glaube kann dann zur Ressource werden, wenn er nicht unter der Vorgabe „damit du vergessen kannst und alles wieder gut wird“ genutzt wird. Leider erleben Betroffene jedoch häufig, dass jemand ihnen sagt: „Lass es doch gut sein, das ist jetzt so lange her. Vergiss es einfach!“ Ja, wenn es so einfach wäre … Der Missbrauch kann nicht einfach vergessen werden, die Folgen haben viel zu viel beeinflusst und die Gefühle werden einen immer wieder einholen. Vieles kann heilen, aber Narben, die sich bei Wetterumschwung melden, werden bleiben. „Wegbeten“ ist nicht nur unmöglich, es nimmt die Person und auch die Tat nicht ernst. Gerade in freikirchlichen Kontexten habe ich es leider immer wieder erlebt, dass Betroffenen gesagt wurde: „Wenn du mehr betest und Gott tiefer in dein Herz lässt, dann wirst du es vergessen!“ Mit welcher Folge? Die Betroffenen versuchen es – weil es ja so schön wäre, vergessen zu können – und geben sich nachher noch die Schuld daran, dass es nicht funktioniert, weil sie nicht genug glauben.

Glaube ist also dann eine Ressource, wenn der Schrecken in ihm Platz hat: Wenn Worte angeboten werden, um das fast Unaussprechliche aussprechen zu können, wenn Rituale auch die dunklen Seiten des Lebens begleiten, wenn Traurigkeit, Schmerz und Enttäuschung

Raum haben und vermittelt wird, dass ich bei Gott mit allem sein darf, was mich ausmacht.

Noch von Gott reden, angesichts des Missbrauchs?

Sexualisierte Gewalt erschüttert die Seele zutiefst. Vertrauen wurde missbraucht und das Leben nicht mehr als sicher empfunden. Ein Kinderglaube, der vermittelt: „Gott passt auf dich auf!" oder „Der liebe Gott ist immer für dich da!" trägt angesichts solcher Erschütterung in der Regel nicht. Der liebe, gütige, barmherzige Gott, der immer da ist und über einem wacht, wird angesichts des Erlebten als Hohn empfunden.

Mit Gott wird in der Regel eine „gute Macht" verstanden. Ein Gott, der uns geschaffen hat und sich an unserem Leben freut. Das am häufigsten genutzte Bild ist das Vaterbild. Aber was ist das für ein Vater, der tatenlos zuschaut, wie Menschen in ihrer Tiefe zerstört werden und ihre Würde mit Füßen getreten wird? Wie kann Gott zulassen, dass Menschen so mit anderen Menschen umgehen? Der Hinweis auf die Freiheit des Menschen ist hier doch ein eher unbeholfen wirkender Versuch, damit umzugehen, genauso wie der Versuch einer starken Zweiteilung der Welt in Gut und Böse und Gott ist „der Gute".

Als Kindern wurde den meisten beigebracht, dass wir Gott vertrauen können, er an unserer Seite ist, es gut mit uns meint und über uns wacht. Er ist der liebe Gott, bei dem alles gut ist. Und dann hören wir von Jesus und all seinen Wundern: Er war da für die Menschen, denen es schlecht ging und sorgte nicht nur für Linderung, sondern sogar für Heilung. Ein wenig ein Wunder-Superman-Gott.

Ältere Generationen tragen oft noch ein strafendes Gottesbild in sich: Gott, der alles sieht und bewertet. Wenn du dich gut verhältst, dann steht dir der Himmel offen, sonst geht es in die Hölle. Ein moralisch einwandfreies Leben führt zu Gottesnähe, alle Abweichungen riskieren die Chance auf den Himmel.

Beides sind keine besonders erwachsenen Gottesvorstellungen. Der „liebe Gott" hält den leidvollen Momenten des Lebens nicht stand: „Was ist dann mit mir falsch, dass er mir nicht hilft?" Und ein strafendes Gottesbild lässt den Missbrauch schnell als eine Konsequenz erscheinen, die ich mir durch mein Verhalten „verdient" habe.

Wenn ich angesichts von Missbrauch von Gott rede, dann von einem Gott, der mir immer auch verborgen bleibt. Ein Gott, dessen Verhalten oder besser Nicht-Eingreifen ich nicht verstehe. Auf die Frage „Wo war Gott da?" habe ich im letzten keine Antwort. Hat er mit mir gelitten? Hat er mir die Kraft gegeben, das durchzustehen? Warum hat er dann nicht lieber im Täter Gewissensbisse hochkommen lassen, die die Tat verhindert haben? Ja, wo ist Gott in solchen Momenten?

Ein persönliches Bekenntnis

Gottesrede nach Missbrauch muss fragend, tastend und suchend bleiben. Bisher habe ich kein theologisches Modell gefunden, das diese Fragen erschöpfend beantwortet. Mir scheint es keine einfache Antwort auf die Frage nach dem Leiden zu geben. Vielleicht ist der einzige Umgang mit dem Leid der der eigenen Erfahrung, der sich über die Jahre verändern kann.

Als Jugendliche, in meiner ersten bewussten Auseinandersetzung mit leidvollen Erfahrungen in meinem Leben, war es der Psalm 22, in dem ich Zuflucht fand. „Mein Gott, mein Gott, warum hast du mich verlassen?" Diese Worte gaben mir Heimat. Sie halfen mir meine Gefühle auszusprechen – und es tat gut, sie jemandem „entgegenschleudern" zu können. Mein Schmerz rumorte nicht mehr nur in mir, sondern bekam einen Ort. Ich lernte den Psalm auswendig – allerdings nur den ersten Teil. Mitten im Psalm wechselt die Atmosphäre. Während der erste Teil Schmerz, Wut und Verzweiflung ausdrückt und Gott anklagt für seine Abwesenheit in alldem, wechselt er in abruptes Lob. Den Teil habe ich ausgeklammert. Aber die Klage spendete mir Trost. Immer und immer wieder sprach ich die Worte. Klagen können, mich in meiner Not anvertrauen können – dabei halfen mir die fremden Worte. Eigene hätte ich zu dem Zeitpunkt nicht gefunden. Ich lieh sie mir vom Psalmisten aus, machte sie mir zu eigen und war dadurch in meiner Klage nicht allein. Ich war nicht die Einzige, die sich gottverlassen fühlte und schon das linderte den Schmerz ein wenig.

Als ich älter wurde, suchte ich mit Gott einen Gegenpol zu all dem Leid: Ich fand Erholung in der Schöpfung und schulte meinen Blick, die kleinen Wunder des Alltags zu entdecken. Meine Sehnsucht war die, aus dem Leiden auszubrechen, mich nicht mehr von ihm bestimmen zu lassen. Und so suchte ich nach dem, was Gott uns schenkt: Was für ein Wunder, der duftende Kaffee! Wie schön, das Sonnenlicht, das durch die Bäume fällt! Wie erholsam, sich in die Klänge von Musik fallen zu lassen! Gerade diese kleinen Momente haben mir geholfen, diese guten Seiten auch in meinem Leben zu entdecken: Welches Wunder, trotz allem diese und jene Fähigkeiten ausgebildet zu haben, heute in Gemeinschaft zu leben und immer mehr vertrauen zu können, bei allen übergriffigen Erfahrungen, die ich gemacht habe! Nachdem das Leid seinen Platz bekommen hatte und ich klagen konnte, da konnte ich entdecken, dass in meinem Leben noch so viel mehr da ist als diese leidvollen Erfahrungen. Und ich konnte danken, trotz allem und mit allem.

Heute ist mein Zugang zu Gott im Leiden der, dass ich trotz allem Unverständnis für sein Nicht-Eingreifen doch etwas erahne von der Liebe, die es bedeutet, *nicht* einzugreifen. Das klingt vielleicht ein wenig absurd. Erst einmal würde ich mir doch wünschen, dass er verhindert, was mich bedroht. Sein Nicht-Eingreifen ist für mich jedoch ein Erfahren dessen, dass er mich nicht (und niemanden sonst) wie eine Marionette behandelt. Dass Gott an keiner Stelle übergriffig wird. Er dringt nicht in meinen Lebensraum ein und macht einfach. Wie er das Leidvolle, das dabei geschieht, hinnehmen kann, das verstehe ich nicht. Aber ich verstehe, dass seine Liebe zu mir nicht abhängig davon ist, ob ich verwundet oder heil bin.

Meine Gebrochenheiten sind nichts, was verhindert gehört, sondern etwas, mit dem ich geliebt bin. Ich darf verwundet und zerbrochen sein und Folgen von leidvollen Momenten in mir tragen. Ich darf über alte Erinnerungen stolpern und meine Mühe haben, damit gut umzugehen. Das alles macht mich aber nicht zu einem schlechteren oder weniger wertvollen Menschen. Gott bleibt an meiner Seite in alldem, ist mir treu – egal, ob ich nun geheilt oder verwundet durchs Leben gehe. Für die Würde, die in mir lebendig ist, macht das keinen

Unterschied. Ich erkenne immer mehr, dass gerade auch meine Gebrochenheiten ein Ort der Gotteserfahrung sind: Das erlebte Leid macht mich sensibel für jede Form von Übergriffigkeit und das Wissen um meine Verwundungen macht mich vorsichtiger im Umgang mit anderen. Ich entdecke, dass meine Wunden zu einem Ort werden können, der neues Leben bereithält, weil sie mich tiefer nach meiner und unser aller Würde suchen lassen. Meine Verwundungen gehören zu mir. Wenn ich sie nicht ignoriere, verstecke oder maskiere, dann können auch sie ein Ort werden, an dem ich Gott erfahre. Heilung bedeutet vielleicht nicht, dass „alles weg" ist, sondern dass ich meine Lebensgeschichte annehme – als eine, der die Trotzmacht innewohnt, trotz allem und mit allem das Leben zu suchen.

Das ist die Antwort, die ich persönlich auf das Leiden in meinem Leben gefunden habe. Meine momentane Beschreibung, wie ich Gott in alldem erlebe – nicht verstehe. Im Verstehen bleiben Fragen und die finde ich wichtig. Sie sind nicht zu ignorieren, sondern zu leben. Die Frage „Wo warst du, Gott, in alldem?" kommt mir immer wieder. Ich decke sie dann nicht zu, sondern gebe ihr Raum, in der Stille und im Schreiben. Eine Antwort habe ich nach wie vor nicht – aber die Frage Gott stellen zu können, tut mir gut.

Wie gesagt – das ist nur mein persönlicher Antwortversuch. Aber vielleicht geht es genau darum: dass wir nach unseren persönlichen Antworten suchen und unsere Suche teilen. Sicherlich scheint eine klare Antwort manchmal wünschenswert und suggeriert vielleicht sogar Sicherheit. Doch eine eindeutige Antwort würde dem Leben – und dem Leiden! – nicht gerecht. Du musst Betroffenen gegenüber keine Antwort parat haben, wie Gott das zulassen konnte. Aber es würde helfen, die Frage mit ihnen auszuhalten und nicht in vorschnelle Antworten auszuweichen. Wie gehst du denn mit der Frage nach Gott und Leidvollem in deinem Leben um?

Welche Gottesbilder sind hilfreich, welche hinderlich?

Es gibt kein Patentrezept, welches Gottesbild hilfreich ist und welches nicht. Das ist unter anderem abhängig von individuellen religiösen

Erfahrungen, der Art des Missbrauchs und der persönlichen Prägung unterschiedlicher Begriffe. Das Vaterbild wird schwierig sein für jemanden, der Missbrauch durch den Vater erfahren hat. Das Bild des guten Hirten wird schwierig sein für jemanden, der von einem Priester missbraucht wurde, der sich dargestellt hat als der „Hirte seiner Schäfchen". Das Bild eines „lieben Gottes" verdeckt den Zugang, wenn gesagt wurde, dass der liebe Gott es mitbekommt, wenn man jemandem etwas verrät.

Grundsätzlich sind allerdings Bilder hilfreich, die keinen übermächtigen Gott zeigen, sondern einen zugewandten. Oft helfen auch Bilder, die nicht zu personal sind, um neues Vertrauen zu fassen. Alle Bilder, die zu menschlich sind, erinnern meist an die menschlichen Erfahrungen von Vertrauensmissbrauch. So wird im Folgenden den Fragen nachgegangen, wie wir von einem Gott reden können, der mächtig, aber nicht übergriffig ist, der parteiisch für Menschen in Unrechtsverhältnissen ist und mehr als „nur" männlich. Außerdem werfen wir einen Blick darauf, inwiefern der leidende Jesus eine Hilfe für Betroffene sein kann. Das Kapitel schließt mit einigen Ideen für die Suche nach wenig beachteten und neuen Gottesbildern, die hilfreich sein können für die Suche nach einem Gott in unfassbarem Leid.

Die Frage nach der Allmacht

Gottesbilder, die besser zu vermeiden sind, sind all die, die Gott als den Allmächtigen darstellen. Ein aufgeklärter Blick auf die Allmacht Gottes in der Bibel zeigt zwar, dass es um keine entmündigende Übermacht geht, sondern um einen Gott, der all-mächtig in der Liebe ist – ein Gott, der seine Übermacht nicht ausnutzt, sondern sie für den Menschen einsetzt. Und dennoch löst dieses Bild ein Gefühl der Kleinheit und Abhängigkeit vor dem großen Gott aus. Ähnlich ist es mit all den Bildern, die sich um die Allmacht herum gruppieren, zum Beispiel das vom Thron Gottes, vom König oder vom Herrn. Und das hilft Betroffenen in der Heilung nicht. Wenn auch Gott ein Gott ist, der seine Macht für den Menschen einsetzt, und ein König, der gerade für die Bedrängten des Volkes da ist, lösen diese Bilder ein Hierarchiegefühl aus, das aufgrund der negativen Erfahrungen von Übermacht nicht hilft, um in eine heilsame Beziehung zu Gott zu kommen. Sie triggern eher Gefühle von Ohnmacht, Unterordnung und Demütigung.

Wie dann von der Größe Gottes sprechen? Gemeinsam mit dem Verweis, wie groß der Mensch für Gott ist! Gott ist der große Gott, der Schöpfergott, aber eben auch ein Gott, der Hochachtung für uns Menschen hat und über uns staunt. Ein verantwortungsvolles Reden über Gottes Allmacht schließt seine achtende Treue zum Menschen mit ein.

Geht es in Gebetstexten um die „Allmacht" Gottes, ersetze ich sie meistens mit der „Allgegenwart" Gottes. Wird Gott in Bibeltexten vor allem in seiner Macht gezeigt, versuche ich deutlich zu machen, wozu er diese Macht einsetzt. Übergeht er dabei den Menschen, handelt, ohne zu fragen oder gegen den Willen des Menschen, dann problematisiere ich das und erläutere, was ein solches Bild anrichten kann, stelle Bibelstellen dazu, wo sich Gott als einer zeigt, der mit dem Menschen ringt, auf Zustimmung wartet. Für mich ist eine Bibelgeschichte, die ich in dem Kontext gern nutze, die der Verkündigung der Geburt Jesu. Der Engel verkündet die Geburt Jesu, Maria fragt nach, wie das geschehen soll, und am Ende steht die Einwilligung Mariens: „Mir geschehe nach deinem Wort." Es wird zwar nicht berichtet, ob alles auch ohne ihre Einwilligung geschehen wäre, aber das „Ja" Mariens steht im Text. Ihre Einstellung scheint nicht egal zu sein. Es braucht ihr „Ja", damit Gott Mensch werden kann.

Im Kloster La Verna hängt ein Bild der Verkündigungsszene, das besonders dieses Warten Gottes zum Ausdruck bringt: Auf der einen Seite sitzt Maria, auf der anderen der Engel. In der Luft sieht man den Heiligen Geist, verkörpert durch einen Vogel, wie er im Flug anhält und wartet. Ein Bild, das mich zutiefst berührt: Gott, der es riskiert, aus dem Gleichgewicht zu geraten, um auf unsere Zustimmung zu warten.

Statt die Allmacht Gottes zu betonen, sollten wir lieber herausstellen, dass unser Gott in seiner Allmacht entschieden hat, Mensch zu werden und staunend und mit Hochachtung auf uns Menschen schaut. Er ist keiner, der seine Machtposition zu seinem egoistischen Gewinn ausnutzt.

Noch ein Wort zur Ohnmacht: Betroffene haben sich oft ohnmächtig gefühlt und haben auch einen ohnmächtigen, statt einen allmächtigen Gott erfahren. Die Frage nach der Ohnmacht Gottes wagen wir kaum zu denken, so sehr sind wir an den allmächtigen Gott gewöhnt. Aber vielleicht ist auch gerade die Ohnmacht ein Weg zu Gott? Und vielleicht hat das Denken der Ohnmacht Gottes etwas, das uns tiefer Gottes Geheimnis entdecken lässt? Die Frage nach der Verborgenheit und dem Nichthandeln Gottes kann uns hineinführen in einen Glauben, der nicht mit zu einfachen Antworten das Unverstehbare zuzudecken versucht.

Ein parteilicher Gott für die Erniedrigten und Verletzten

Statt seine Macht auszunutzen, stellt sich Gott auf die Seite der Schwachen und Entrechteten. Das Volk Israel erfährt Gott als einen Gott, der sich parteiisch der Sache des kleinen Außenseitervolkes annimmt. Sie machen die Erfahrung eines Gottes, der sie aus der Knechtschaft herausführt und auch im Exil nicht von seiner Treue zu ihnen lässt. Seine Sorge gilt denen, die in Bedrängnis sind.

Jesus macht an zahlreichen Beispielen deutlich, dass er das System negativer Machtausübung ablehnt: „Die Letzten werden die Ersten sein“ (vgl. Mt 19,30), „Ich bin gekommen, um zu suchen und zu retten, was verloren ist“ (vgl. Lk 19,10), „Wenn ihr nicht umkehrt und werdet wie die Kinder, kommt ihr nicht in das Himmelreich“ (vgl. Mt 18,3) … Er isst mit den Ausgestoßenen, heilt die, die am Rande stehen, und beruft ganz gewöhnliche Menschen in seine Nachfolge, statt eine religiöse Elite um sich zu sammeln. Er zeigt sich nicht als König, der die Macht übernimmt, sondern stirbt entrechtet am Kreuz. Einen Verbrechertod stirbt er: Der Ohnmacht geht er nicht aus dem Weg.

Betroffene haben erlebt, dass man ihre Abhängigkeit ausnutzte und sie manipulierte. Danach wurde zu vielen nicht geglaubt. Viele erlebten, wie Täter mit ihrem Verhalten durchkamen – ob dadurch, dass sie als Betroffene durch Druck mundtot gemacht wurden, oder dadurch, dass man ihnen nicht glaubte. Sie haben also nicht erlebt, dass man auf ihrer Seite ist und für sie einsteht. Ein Gott, der auf der Seite der Schwachen steht (und in Jesus Christus auch die Schwachheit teilt), hilft, eine neue Erfahrung der Gerechtigkeit zu machen.

Es lassen sich viele Erzählungen in der Bibel finden, die darstellen, dass Gott sich als ein Gott der Schwachen und Verletzten zeigt. Dabei ist der Blick auf sie nicht ein Blick von oben nach unten, sondern einer, der sie erwählt. So heißt es in einem Text unbekannter Herkunft, der mir schon an mehreren Stellen in unterschiedlicher Fassung begegnet ist, folgendermaßen:

Jedes Mal, wenn du denkst, Gott könne dich nicht gebrauchen, erinnere dich an folgende Personen in der Bibel: Noah war ein Säufer, Abraham war zu alt, Isaak war ein Tagträumer, Jakob war ein Lügner, Lea war hässlich, Josef wurde missbraucht, Mose stotterte, Gideon hatte Angst, Rahab war eine Hure, Elia war selbstmordgefährdet, Jesaja predigte nackt, Jona lief vor Gott weg, Naomi war Witwe, Petrus verleugnete Jesus, die Jünger schliefen beim Beten ein, Marta machte sich immer Sorgen, Maria Magdalena war besessen, die samaritanische Frau war geschieden, mehr als einmal, Zachäus war zu klein, Paulus war zu religiös ... Und Lazarus war tot! Gott sieht dich und braucht dich. Egal, womit du zu kämpfen hast und wie oft du in deinem Leben versagt hast: Jesus liebt dich! Und er freut sich, wenn du dich von ihm mit deinen Fähigkeiten und Begabungen gebrauchen lässt.

Viele Betroffene haben infolge des Missbrauchs mit Minderwertigkeitsgefühlen zu kämpfen. Ein Gott, der gerade die Unscheinbaren in seine Nachfolge ruft und die, die nicht nur auf der Sonnenseite des Lebens standen, ermutigt, die eigene Würde wiederzuentdecken. Gott übersieht auch die nicht, die sich gern selbst übersehen. Er traut uns etwas zu.

Kirchliche Rede von der Parteilichkeit Gottes sollte unbedingt diesen zweiten Aspekt mit im Blick haben: Die Schwachen sind nicht die, die bemitleidet werden, die man aus Großherzigkeit wieder aufpäppelt und dann stolz ist, ein gutes Werk getan zu haben. Sie sind die, die im Zentrum der Verkündigung stehen und zwar als Verkündigende. Es besteht kein Machtgefälle zwischen „den Schwachen“ und „den Helfenden“. Vielmehr werden sie selbst zu denen, die anderen beistehen und die frohe Botschaft verkünden, wie zum Beispiel Maria Magdalena, die samaritanische Frau, Petrus, Paulus …

Es passiert leider immer wieder, dass in Gemeinden eine Dynamik entsteht, in der es bei der Unterstützung Schwächerer nicht primär darum geht, sie zu unterstützen, sondern sich selbst auf die Schulter klopfen zu können, dass man etwas Gutes getan hat. Darum geht es bei Jesu Blick auf die Verwundeten jedoch nicht: Er ist nicht der starke Helfer gegenüber dem „armen Bedürftigen“, sondern der, der in der Schwachheit die Größe und Würde des anderen entdeckt und wiederherstellt. Es ist kein Behandeln von oben herab, sondern eines, das Interesse hat an Wort und Wirken der Verwundeten. Für den Umgang mit Betroffenen bedeutet das: Stell nicht die Verwundung in den Mittelpunkt, sondern die Berufung, die Gott trotz der Verwundung schenkt! Nimm sie ernst als Verkündigende, die etwas über Gott zu sagen haben! Sie haben ihre Erfahrungen mit Gott in leidvollen Situationen gemacht – hören wir doch hin und lernen von ihren Glaubenswegen!

Männliche und weibliche Gottesbilder

Die meisten Gottesbilder sind männlich konnotiert. Wir reden von einem männlichen Gott, der Vater, König und Herr ist. Häufig werden männliche Pronomen genutzt und wir schreiben Gott männlich gelesene Eigenschaften zu, wie zum Beispiel Stärke und Allmacht. Schauen wir in die Bibel, begegnet uns jedoch ein anderes Bild: Gott wird nicht nur als Vater, sondern auch als Mutter beschrieben, die ihr Kind stillt. Die Weisheit, als die Gott beschrieben wird, ist weiblich. Das Wort „Barmherzigkeit“ geht vom Wortstamm auf den Mutterschoß zurück. Neben dem Gleichnis des barmherzigen Vaters, das so sehr unsere Verkündigung des Vaterbildes prägt, steht das der Frau, die die Drachme sucht und ein Fest feiert, als sie sie wiederfindet. Sie ist genauso Bild für Gott wie der barmherzige Vater. Die Eigenschaften, mit denen Gott in der Bibel beschrieben wird, sind ungefähr in gleichem Maße männlich und weiblich gelesene Eigenschaften. Und schon auf den ersten Seiten der Bibel heißt es: „Gott schuf also den Menschen als sein Abbild; als Abbild Gottes schuf er ihn. Als Mann und Frau schuf er sie.“

Gott vereint männliche und weibliche Seiten in sich. Er ist weder „nur männlich“, noch „nur weiblich“, sondern trägt beides in sich, übersteigt unsere Zweiteilung. Warum dann nicht auch mehr auf die weiblichen Seiten Gottes schauen? Mir ist das allein schon deshalb wichtig, weil es Gott weiter werden lässt und nicht so stark begrenzt wie eine rein männliche Sprache. Mit weiblichen Pronomen oder weiblichen Gottesbildern wird der Facettenreichtum des einen Gottes mehr hervorgehoben. Ich persönlich komme Gott durch wechselnde Pronomen oder dadurch, dass ich auch einmal von „der Schöpferin" und „der Hirtin" rede, näher. Nicht festgelegte Bilder weiten mein Gottesbild und lassen mich tiefer eintauchen in das Geheimnis, das Gott uns ist.

Im Kontext des Umgangs mit Betroffenen empfinde ich die weibliche Gottesrede jedoch noch elementarer. Es geht um weitaus mehr, als nur ein Öffnen neuer Zugänge zu Gott: 90 % der Missbrauchstäter sind Männer. Männlichkeit und Täter-Sein kommen oft zusammen. Gerade Bilder, die vor allem Machtstrukturen in sich tragen, verleiten dazu, dass sich Tätererfahrungen in das Gottesbild mit hineinmischen beziehungsweise Tätererfahrungen ein männliches Gottesbild unmöglich machen. Wie schwer ist es für viele, vom barmherzigen Vater zu hören, wenn der eigene Vater, Großvater oder Stiefvater einen missbraucht hat? Wie schwer, vom guten Hirten zu hören, wenn ein Priester seine Hirtenfunktion ausgenutzt hat? Ein Mann ist an besonders vulnerabler Stelle als nicht vertrauenswürdig erlebt worden. Da ist es schwer, nun einem männlichen Gottesbild zu trauen.

Natürlich könnte man jetzt argumentieren, dass es ja auch hilfreich sein könnte, einen barmherzigen, männlichen Gott zu erfahren, um wieder anders mit Männern umgehen zu können. Sicherlich tut das irgendwann gut. Erst einmal geht es jedoch darum, dass überhaupt ein Zugang zu Gott möglich ist. Warum den Weg dorthin unnötig schwer machen? Warum nicht stattdessen Erfahrungsräume bieten, die zu heilsamen Gottesmomenten verhelfen? Betroffene werden bei einer weiblichen (oder gemischten) Gottesrede eher aufatmen, weil keine extra Schlaufe nötig ist („Wenn sie vom barmherzigen Vater reden, dann von dem Vater Jesu. Das hat mit meinem Vater nichts zu tun. Denke ich an den Vater Jesu!"), und alle anderen werden dadurch bereichert, dass ihr Gottesbild aus engen Schubladen herausgeholt wird.

Ich persönlich mische immer mehr männliche und weibliche Pronomen, auch in gottesdienstlicher Gebetssprache. Sicherlich mag es einige geben, die das irritiert, aber die Großzahl der Äußerungen zeigt Freude über die Weitung. Doch muss ich ehrlicherweise sagen, dass ich selbst mich daran gewöhnen musste: Ich war so sehr eine männliche Gottesrede gewohnt, dass es mir die ersten Male nicht leicht über die Lippen kam, als ich zum Beispiel von „unserer Schöpferin" sprach. Es braucht eine Zeit des Umlernens. Mich bereichert das Ausprobieren.

Jesus: Opfer sexualisierter Gewalt?!

Wir kennen die Bilder von Jesus am Kreuz. Der Film „Die Passion Christi" zeigte deutlicher, als sonst beschrieben, wie grauenvoll das war, was Jesus geschah. Doch selten wird das Geschehen um die Kreuzigung als sexualisierte Gewalt beschrieben, wobei es genau das ist: Jesus wird ausgezogen, nackt den Menschen präsentiert, ihm wird etwas anderes angezogen, sich über ihn lustig gemacht, dann wird ihm das wieder ausgezogen. Er wird ausgepeitscht und gedemütigt. Unsere Darstellungen vom Kreuz sind in der Regel mit einem Lendenschurz. Das ist jedoch historisch nicht korrekt: Menschen, die gekreuzigt wurden, wurden nackt gekreuzigt, um sie zu demütigen. Soweit die biblischen Linien. Dazu kommt, dass es damals gang und gäbe war, dass im Kontext von Kreuzigungen die Betroffenen auch vergewaltigt wurden – ein weiterer Ausdruck der Macht über den Wehrlosen. Davon wissen wir nichts, es könnte jedoch gut so gewesen sein und wenn nicht, dann war Jesus zumindest davon bedroht.

Konfrontiert man Personen mit diesem biblischen Befund, kommt oft folgende Reaktion: „Das kann nicht sein! Das hätte Gott nicht zugelassen!" Es fällt schwer, auf die Gewalt zu schauen, die Jesus am Kreuz erlebt hat. Als Kind war ein Mädchen mit Trisomie 21 in meinem Erstkommunion-Jahrgang. In der Kirche suchte sie sich immer einen Platz, von dem sie das Kreuz nicht sehen musste. Sie wollte die Brutalität nicht aushalten. Für mich war das Kreuz ein gewohnter Anblick, der wenig auslöste. Erst durch ihre Rückmeldung änderte sich mein Blick auf das Kreuz und ließ mich wahrnehmen, wie Jesus gelitten hat und welchen Schmerz er wohl aushalten musste. Mir tat das gut: Ich fand im Kreuz einen Zufluchtsort bei jemandem, dem Verwundungen nicht unbekannt sind.

Zurück zu den Vergleichspunkten zwischen der sexualisierten Gewalt, die Jesus erlebt hat und der, die heutige Betroffene erleben. Interessant ist hier, dass es bei der Gewalt, die Jesus erlebt hat, auch nicht primär um Lustbefriedigung, sondern um Machtausübung ging, darum „Gewalt über jemanden" zu haben. Wie Jesus erleben viele Betroffene, dass lieber weggeschaut als eingegriffen wird. Wie Jesus sind Opfer von Missbrauch unschuldig an dem, was ihnen geschieht. Auch bei Jesus ist da kein Gott, der den Missbrauch verhindert. Doch es ist auch ein frappierender Unterschied da: Jesus hat sich für diesen Weg der Widerstandslosigkeit entschieden (nicht für das Erdulden sexualisierter Gewalt, aber gegen das Ausüben von Gewalt). Betroffene erdulden nicht für ein höheres Ziel sexualisierte Gewalt – sie haben nichts entschieden, konnten nichts entscheiden.

Welche Auswirkung hat diese Lesart auf Betroffene? Eine Studie hat männliche Ordensangehörige, die Opfer von Missbrauch in der Gemeinschaft wurden, zu ihrer Reaktion auf die Lesart „Jesus als Betroffener sexualisierter Gewalt" befragt. Alle Befragten konnten der Lesart zustimmen. Bei denen, die aufgrund des Missbrauchs nicht mehr glauben konnten, lösten diese Feststellungen wenig aus. Die, die noch glaubten, fanden die Aussagen heilsam: Jesus, der ihnen auch in diesen Abgründen nah ist. Die große Mehrheit – auch derer, die nicht mehr glauben konnten – fand es wichtig, dass in kirchlicher Verkündigung mehr darüber gesprochen wird: Auch im Zentrum unseres Glaubens kommt sexualisierte Gewalt vor. Warum tabuisieren wir es dann, sodass Vertuschung so leicht möglich wird? Wie sehr würde die Scham für Betroffene sinken, wenn in der Verkündigung mehr vorkommen würde, dass Jesus selbst Ähnliches wie sie erlitten hat?

In den Diskussionen um die Darstellung des Kreuzesgeschehens hört man immer wieder auch, das Erwähnen würde Gewaltreproduktion fördern. Das mag sein, wobei ich davon überzeugt bin, dass es einen großen Unterschied macht, ob ungefiltert Gewaltszenen geschaut oder der Schmerz, die Verwundungen und der Abgrund dahinter thematisiert werden. Doch Verschweigen erhöht die Scham. Gewalt kommt vor. Wie viel schwerer ist es, darüber zu reden, wenn es so tabuisiert wird, dass man gar keine Worte dafür hat?

Eine kleine Szene mag dies verdeutlichen. Ich gestalte einen Kreuzweg für Kinder. Ich habe eine Dornenkrone auf ein rotes Tuch gelegt und erzähle von Jesus vor Pilatus – dass man ihn gedemütigt und beschimpft hat. Dass man Jesus verletzt hat mit dem Anziehen der anderen Kleidung und indem man sich darüber lustig machte. Und ich frage die Kinder danach, wo das denn heute passiert, dass man Menschen mit Worten verletzt. Sie sollen dann eine Scherbe zur Dornenkrone legen, um zu zeigen, dass etwas zerbricht, wenn man mit Worten verletzt. Die Kinder beteiligen sich sehr gut. Plötzlich stört eine Mutter das Ganze: „Ich finde es unmöglich, dass Sie die Kinder auffordern, Beleidigungen und Schimpfworte auszusprechen! Das gehört nicht gesagt!" Perplex versuche ich, dennoch ruhig zu reagieren: „Die Kinder beleidigen sich nicht. Sie sprechen aus, was sie erleben, tagtäglich. Hier ist ein Ort, an dem sie sagen können, dass das verletzende Worte sind. Es wäre doch viel schlimmer, wären solche Worte so ein Tabu, dass sie sich Ihnen nicht anvertrauen könnten, wenn jemand in der Schule so mit ihnen umgehen würde!"

Jesus als Betroffenen sexualisierter Gewalt zu sehen, kann helfen, das Tabu des Redens über Missbrauch zu öffnen und zu vermitteln, dass Betroffene einen Platz in unseren Gemeinden haben. Jesus kann zu einem Vertrauten werden, wie andere Betroffene, dem man nicht alles erklären muss, sondern bei dem man das Gefühl haben darf, dass er die eigenen Schmerzen und Verwundungen versteht. Und: Jesus behält seine Wunden auch nach der Auferstehung. Die Wunden sind zwar verklärt, aber sie sind da. Nach wie vor zeigen sie sein Leiden. Was für ein Bild für Betroffene: Deine Wunden dürfen dableiben, du musst sie nicht verstehen, aber du darfst die Hoffnung haben, dass auch in sie eines Tages wieder Licht hineinfällt!

Die Suche nach neuen Bildern in der Praxis

Bilder und Vorstellungen von Gott schränken ihn/sie ein: Gott ist immer größer, verborgener und geheimnisvoller, als wir es ausdrücken können. Mit alldem, was wir über Gott sagen, sagen wir letztlich auch immer direkt, dass sie so nicht ist und das Bild nicht ausreicht. Gleichzeitig denken und fühlen wir in Bildern. Wir brauchen sie, um Gott näherzukommen. Eine Gottesrede, die die Unverfügbarkeit Gottes zeigt, ist gleichzeitig eine, die auch den Menschen als Geschöpf Gottes nicht einfach in Kategorien einsortiert. Es zeigt Wertschätzung und Staunen, auch den Menschen gegenüber, und kann so helfen, einen Zugang zum Selbstwert zu bekommen. Je vielfältiger die Gottesrede ist, desto eher zeigen sich Zugangswege, die Gotteserfahrungen auch dann ermöglichen, wenn einzelne Gottesbilder manipulativ eingesetzt wurden. Ich biete gern in meinen Gebeten eine Vielzahl unterschiedlicher Bilder an. So werde ich dem Geheimnis Gottes gerechter und provoziere keinen Kinderglauben, der in Krisensituationen wenig haltgebend ist.

Ein personaler Gott, der sich dem Menschen zuwendet, ansehbar wird in Jesus Christus, wird immer wieder als besondere Stärke des Christentums gesehen. Doch mir wird wie bereits erwähnt im Kontakt mit Betroffenen immer wieder bewusst, dass gerade die allzu personalen Bilder („Vater“, „Bruder“, „König“, „Herrscher“, „Hirte“ etc.) schwierig sind. Hat man positive Beziehungserfahrungen machen dürfen, so werden diese auch im Gottesbild Niederschlag finden: Wer eine liebevolle Vaterbeziehung erlebt hat, dem hilft die Vorstellung eines Vater-Gottes, um Gottes Wesen zu erahnen. Wer aber im zwischenmenschlichen Kontext missbräuchliche Beziehungen erlebt hat, der tut sich schwer, diese Erfahrungen auf die eigene Vorstellung von Gott anzuwenden. Ich erlebe, dass apersonale Bilder oft hilfreicher sind, wie zum Beispiel „Quelle“, „Kraft zum Leben“, „Schöpfungsmacht“, „Gerechtigkeit“ oder auch Titel aus göttlichen Eigenschaften: die Barmherzige, die Ewige, die Erbarmende, die Treue oder die Trösterin.

Gern ermutige ich Menschen dabei, ihre eigene für den Moment stimmige Gottesanrede zu finden. Am Anfang hilft es manchmal auch, eine Auswahl an unterschiedlichen Titeln anzubieten. Ganz eigene Bezeichnungen zu finden, die der individuellen Gottesbeziehung entspringen, brauchen oft Zeit. Ein Beispiel: Anna wollte eine intensivere Christusbeziehung aufbauen. Sie hatte als Kind und Jugendliche Missbrauch erlebt. Über die Jahre war ihr der Glaube zum Halt in der Verarbeitung des Geschehenen geworden. Zu Jesus jedoch hatte sie noch nie eine Beziehung gehabt. Die Evangelien fand sie inspirierend, aber dennoch blieb er ihr als Gegenüber im Beten verschlossen. Doch sie spürte eine Sehnsucht danach, dass Jesus eine größere Bedeutung für sie bekommt. Ich gab ihr eine Auswahl mit fast allen biblischen Bezeichnungen für Jesus. Sie sollte in mehreren Schritten all die Bezeichnungen herausstreichen, die ihr fremd sind oder ihr wenig sagen. In einem letzten Schritt sollten nur drei übrigbleiben. Und hier sollte sie entscheiden, welchen Titel sie für sich am Bedeutsamsten ist. Zu dem Titel wollte ich mit ihr eine geleitete Meditation beginnen. Sie wählte: lebendiger Stein! (Im ersten Petrusbrief heißt es: „Kommt zu ihm, dem lebendigen Stein.“ (1 Petr 2,4a))

Ich war von diesem nüchternen Bild im ersten Moment überfordert: Wie sollte hieraus eine Meditation werden, die sie näher mit Jesus in Beziehung brachte? In der Meditation ging es darum, den Titel näher zu betrachten: nah herangehen, von ferne schauen, umkreisen, mit allen Sinnen wahrnehmen, das Umfeld registrieren etc. Was sollte da bei „lebendiger Stein" schon geschehen? Tatsächlich viel! Sie sah einen Stein, einen Kiesel, der vom Wasser geformt wurde. Die Strömung hatte ihn rund gemacht und die Kanten geschliffen. Als sie sich in das Bild vertiefte, sagte sie: „Ich bin auch ganz schön hin und hergeworfen worden, Wellen haben sich über mir überschlagen. Ich drohte unterzugehen und vergessen zu werden. Aber wie dieser Stein liege ich heute am Ufer, in der Sonne, das Leben hat mir zugesetzt, aber ich bin dennoch ein schöner Stein geworden. Und war es nicht bei Jesus so? Das Leben hat ihm ganz schön zugesetzt, aber letztendlich siegte das Vertrauen, dass er von Gott geliebt ist, dass es Leben gibt hinter allem Tod, hinter dem bedrohenden Ozean. Er ist auch nicht ertrunken." Ob das jetzt im ersten Petrusbrief gemeint ist oder nicht: Dieses sehr nüchterne Bild hatte ihr die Sicherheit gegeben, sich mit Jesus auseinandersetzen zu können, ohne dass sein Mann-Sein ihr den Zugang verwehrte.

Im Suchen nach ganz persönlichen Gottesbildern durfte ich schon sehr kreative Äußerungen erleben: Eine Frau sprach gern von ihrer „Grenzwächterin" – ihr war es wichtig Gott als die zu erleben, die ihr hilft, ihre Grenzen zu achten. Für eine andere war Gott ihre „Seelenfreundin" – jemand, der es gut mit ihr meint und sie in der Tiefe achtet. Für einen anderen war Gott „die Hoffnungsstimme", diese innere Stimme, die Mut macht, dennoch dem Guten zu trauen. Für eine andere war Gott „der Urgrund" – sie sehnte sich danach, Zuflucht zu finden bei jemandem, der ihr Beständigkeit und Sicherheit gibt. Für einen anderen war Gott „die Gerechtigkeit": Gott, die dafür sorgt, dass das geschehene Unrecht nicht ohne Konsequenzen bleibt. Natürlich zeigen all diese Bilder nur einzelne Facetten von Gott. Und vor allem Facetten, die es ihnen ermöglichten, mit Gott in Kontakt zu kommen, sich einzulassen auf einen Gott, der für sie da ist, auch und gerade in ihrer Verletztheit.

Was du tun kannst? Ermutige, nach eigenen Bildern zu forschen, diese nicht zu bewerten, sondern sie tiefer zu entdecken. Einmal sagte eine Frau zu mir, auf die Frage wie Gott für sie sei: „Er ist wie eine Kuscheldecke für mich." Ganz ehrlich: Ich fand das Bild im ersten Moment naiv. Ein bisschen zu einfach. Gott schien nicht mehr zu sein als eine Ersatzfigur für das, was sie gebraucht hätte, um den Missbrauch zu verarbeiten. Doch ich ließ mich darauf ein und fragte weiter nach, was sie damit verbände.

Sie antwortete: „Dass er mich umgibt und mich umhüllt und er sich schützend um mich legt. Ich hab es zwar erlebt, dass ich schutzlos war. Aber Gott ist für mich so etwas wie eine Schicht, die sich um mich herumlegt und das Tiefste in mir schützt."

„Aber warum eine Kuscheldecke und kein Schutzschild oder eine Rüstung oder so etwas?", fragte ich.

„Hm, ich weiß nicht … Vielleicht weil das meine Bewegungsfreiheit nehmen würde? Eine Kuscheldecke wärmt mich und ich bleibe beweglich. Ja, vielleicht ist die Wärme der eigentliche Schutz. Dass da jemand ist, der sich um mich kümmert. Vielleicht geht es für mich in dem Bild darum. Gott schützt mich durch seine Zuwendung. Dadurch zeigt er mir, dass da etwas ist, das nie kaputtgehen kann."

So viel zum „naiven" Bild der Kuscheldecke …

11. Chancen und Gefahren einiger religiöser Themen

Es gibt einige theologische Themen und Deutungsmuster, die in der Verarbeitung von Missbrauch oft hinderlich wirken, meist durch verkürzte Vermittlung. Viele dieser Deutungsmuster sind so gewohnt, dass sie im Sprechen gar nicht auffallen. Und doch können sie Betroffenen von Missbrauch den Zugang zum Glauben verstellen. Aber nicht nur für sie, sondern letztlich für alle, die in ihrem Leben vor Herausforderungen gestellt werden – und wer ist das nicht an der ein oder anderen Stelle? –, ist ein reflektierter Umgang mit bestimmten theologischen Inhalten hilfreich und fördert einen erwachsenen Glauben, der in der Lage ist, Leidvolles zu integrieren, statt es auszusparen.

Gottvertrauen

Ein solch schwieriger Begriff ist der des Gottvertrauens oder die Forderung nach Vertrauen generell. Von Missbrauch Betroffene haben erlebt, dass man ihr Vertrauen ausgenutzt hat, um mittels Sexualität Macht über sie auszuüben. Vertrauen hat sie schutzlos gemacht gegenüber dem anderen. Hätten sie ihm nicht vertraut, wäre vielleicht nichts passiert. Da ist es doch nicht nur nicht verwunderlich, sondern geradezu gesund, dass sie in Zukunft mit der Frage nach Vertrauen vorsichtiger umgehen. Um sich zu schützen, schauen sie vorher genauer, wem sie vertrauen können und wem lieber nicht. Vertrauen ist keine „Selbstverständlichkeit" mehr, sondern ein hohes Gut.

Gleichzeitig sehnen sie sich in der Regel danach, vertrauen zu können. Es tut schließlich gut, sich jemandem anzuvertrauen. Wir brauchen Räume, wo wir uns darauf verlassen können, dass der andere es gut mit uns meint. Und es ist extrem anstrengend, zunächst stets der Misstrauensstimme nachzugehen, die durch den Vertrauensbruch selbstverständlich geworden ist.

Die Schwierigkeit des Vertrauens zieht sich durch die meisten Lebensbereiche: Lernt man jemand neues kennen, vertraut man nicht darauf, dass der andere erst einmal keinen Grund hat, einen abzulehnen. Man rechnet eher mit Ablehnung, als darauf zu vertrauen, dass der andere grundsätzlich positiv eingestellt ist. Hat man eine Präsentation bei der Arbeit zu halten, vertraut man nicht darauf, dass alles gut gehen wird (auch wenn in die Vorbereitung viel Energie und Engagement gesteckt wurde). Eher geht man davon aus, dass die Kollegen gravierende Schwachpunkte entdecken. Ebenso wenig vertraut man darauf, dass die Bahn einen rechtzeitig ans Ziel bringt, sondern plant lieber genügend Pufferzeiten ein. (Ok – das ist vielleicht auch einfach nur schlau …)

So wenig leicht es fällt, in ein positiv verlaufendes Leben zu vertrauen – man hat schließlich schon erlebt, dass es nicht so sein muss –, so wenig leicht ist es, Gott Vertrauen entgegenzubringen. Wie also mit der Frage nach Gottvertrauen umgehen? Sie begegnet uns schließlich im Glaubenskontext am laufenden Band – höre doch einmal im nächsten Gottesdienst zum Beispiel hin, wie oft „Vertrauen" vorkommt.

Zunächst einmal unterscheide ich gern zwischen einem *Gefühl* von Vertrauen und einer *Entscheidung* zum Vertrauen. Ein Gefühl kann ich nicht machen, das ist mir entzogen. Mir zu sagen „Ich möchte jetzt aber Vertrauen spüren", wird nicht gelingen. Ganz im Gegenteil: Es baut Druck auf und Enttäuschung ist vorprogrammiert. Eine Entscheidung zu vertrauen kann ich jedoch treffen und sie auch stützen. Es kann sich zwar so anfühlen, als hätte ich keinen Grund, einer Freundin zu vertrauen, dass sie es gut mit mir meint. Ich kann jedoch die Entscheidung treffen, ihr zu vertrauen: „Warum sollte sie es nicht gut mit mir meinen? Sie müsste ja nicht mit mir befreundet sein und außerdem hat sie sich bisher nie so verhalten, als würde sie es nicht gut mit mir meinen. Ich erzähle ihr von meinen Sorgen und vertraue darauf, dass sie gut damit umgeht."

Ebenso ist es auf Gott bezogen: Es fühlt sich vielleicht nicht so an, als könnte ich ihm vertrauen, dass mein Leben gut verläuft. Es ist ja schon einiges zerbrochen. Und dennoch kann ich mich dazu entscheiden, darauf zu vertrauen, dass Gott mir Kraft schenken wird, mit dem, was auch kommen mag, so umgehen zu können, dass ich leben kann. Das ist dann kein lautes, mit wehenden Fahnen herausposauntes: „Oh ja, Gott, ich vertraue dir!“, sondern vielmehr ein leises, fragendes: „Gott, ich wage es dir zu vertrauen!“ Aber ist das weniger wert? Gott zu vertrauen, wenn ich bisher allen Grund dazu hatte, weil mein Leben gut verlaufen ist, ist keine große Kunst. Aber darauf zu vertrauen, dass da ein Gott an meiner Seite ist und für mich ist, wenn ich schon tiefste Einsamkeit erlebt habe, das ist eine echte Lebenskunst!

Für unsere verkündigende Sprache wünsche ich mir genau das: ein bisschen weniger Herausposaunen und mehr Platz für die leisen und suchenden Töne! Es konfrontiert jedes Mal aufs Neue, mit den eigenen Problemen zu vertrauen, wenn es in Gottesdiensten so häufig eingefordert wird. Es ist ja nicht so, dass sich Betroffene nicht nach einem geheilten Vertrauen sehnen würden. Werden sie immer wieder darauf gestoßen, dass es ihnen nicht „gelingt“, entstehen zusätzliche, wirklich unnötige Schamgefühle. Warum nicht die Schwierigkeit des Vertrauens immer wieder auch benennen? Auch das wird sicherlich nicht nur Betroffenen von Missbrauch so gehen, sondern auch dem frisch geschiedenen Vater, dem es schwerfällt, darauf zu vertrauen, dass beide noch gut Eltern für die Kinder sein können, oder auch der krebskranken Frau, die Gott anfleht, es möge doch alles gut werden.

Spreche ich in Gebetstexten vom Vertrauen, tue ich es mehr in leisen Sehnsuchtstönen oder auch in einer im positiven Sinne trotzigen Haltung: „Gott, uns umgibt vieles, was uns das Vertrauen in dich schwer macht. All die Naturkatastrophen und Kriege erschüttern uns, ebenso wie persönliches Leid. Und doch: Ich möchte dir vertrauen, dass du ein Gott des Lebens bist, der mit uns Wege findet!“

Nächstenliebe

Ein anderes wichtiges religiöses Motiv ist das der Nächsten- und Feindesliebe. An prominentesten Stellen kommt sie vor, so zum Beispiel im Doppelgebot der Liebe: „Du sollst den Herrn, deinen Gott, lieben. Und deinen Nächsten, wie dich selbst“ (vgl. Mt 22,37–39). Ebenso in der „Goldenen Regel“: „Behandle andere so, wie auch du behandelt werden möchtest“ (vgl. Mt 7,12). Ein liebevoller Umgang mit dem anderen – einer der nicht den eigenen Vorteil sucht, sondern einer, der die Bedürfnisse des anderen im Blick hat, nicht nur nach Sympathie geht, sondern die Würde eines jeden achtet – ist Voraussetzung für ein Zusammenleben, in dem Gott erfahrbar wird und alle gut leben können. Und doch wird es hier oft problematisch im Verständnis dessen, was Nächstenliebe ist. Sie wird immer wieder damit verwechselt, Konflikten lieber aus dem Weg zu gehen und Unrecht zu schlucken: „Ein guter Christ, eine gute Christin bist du dann, wenn du dich aufopferst, deine Interessen zurückstellst und alles für den anderen tust." Nächstenliebe wird da zu einem Harmoniediktat und Demut zu Demütigung. Zu oft wird das „wie dich selbst" vergessen. Natürlich „verlangt" Nächstenliebe auch, einmal aus seiner Komfortzone herauszugehen, aber nicht, weil ich weniger wert bin als der andere, sondern weil ich diese Liebe schenken möchte.

Allzu oft ist es auch falsch verstandene Nächstenliebe, die der Vertuschung in die Hände spielt. Beim Missbrauch im kirchlichen Kontext sind das Sätze wie: „Ja, tue es doch für ihn, aus Nächstenliebe" oder „Sag es niemandem, das verbietet die Nächstenliebe!". Aber auch außerhalb des kirchlichen Kontextes wird auf die Nächstenliebe beim Vertuschen zurückgegriffen: „Das kannst du ihm nicht antun, wenn du das erzählst. Sein Ruf ist dann doch ruiniert."

Liebe hat die Freiwilligkeit zur Voraussetzung. Niemals ist sie Zwang. Eine Schriftstelle zeigt wunderbar, wie sie gemeint ist, was aber oft daraus gemacht wird. Beschrieben wird die Feindesliebe:

„Setzt euch nicht zur Wehr gegen den, der euch etwas Böses antut. Im Gegenteil: Wenn dich jemand auf die rechte Backe schlägt, dann halt ihm auch die linke hin. Wenn einer mit dir vor Gericht gehen will, um zu erreichen, dass er dein Hemd bekommt, dann lass ihm auch den Mantel. Und wenn jemand von dir verlangt, eine Meile mit ihm zu gehen, dann geh zwei mit ihm."
(Mt 5,39–41 NGÜ)

Diese Textstelle wirkt, als sei ein guter Christ einer, der alles mit sich machen lässt, einer, der selbst weniger wert ist als der andere. Doch so ist es gar nicht gemeint: Zur Wehr setzen ist hier gleichbedeutend mit „in den Kampf eintreten". Das Verhalten, das Jesus hier vorschlägt, ist eines, wo gewaltlos der, dem Böses geschieht, das letzte Wort hat: Halte ich die andere Backe hin, dann habe ich mich dazu entschieden und bin nicht Opfer der Gewalt. Und wahrscheinlich endet es sogar damit, weil es dem anderen zu blöd wird, wenn er merkt, dass er mich mit dem Schlag nicht demütigen kann.

Den Mantel überlassen, das hieß damals so viel wie die Lebensversicherung überlassen, da der eigene Mantel so etwas wie ein Zufluchtsort in kalter Nacht ohne Dach über dem Kopf war. Deshalb durfte er niemandem genommen werden. Gibt jemand freiwillig den Mantel, dann sagt er: „Ich bin abgesichert, Gott sorgt für mich, du kannst meine Existenzgrundlage nicht zerstören." Außerdem setzt er sich damit hinweg über das Höchste, was ein Gericht verfügen könnte, und geht damit aus der Opferrolle heraus. Genauso ist es bei der einen Meile: Zu einer Meile durfte jeder Römer einen Nichtrömer zwingen. Das Verhalten der Machthaber und Eroberer. Freiwillig eine zweite zu gehen, setzt sich über dieses versklavende Verhalten hinweg und gibt aus freier Hand. Wieder wird aus der Opferrolle ausgestiegen.

Jesus sagt hier also nicht: „Lass dich ruhig demütigen, weil du weniger wert bist als der andere." Sondern: „Lass dich nicht demütigen, steige, indem du freiwillig mehr gibst, aus dem heraus, dass der andere mit dir macht, was er will. Bleibe selbstbestimmt!" Ein solches Verhalten ist jedoch nur ratsam, wenn ich mir dieser Selbstbestimmung auch bewusst bin. Nur so wird meine Würde nicht angegriffen. Ich kann also von niemandem ein solches Verhalten verlangen. Sobald es als Demütigung verstanden wird, ist es nicht mehr im Sinne Jesu.

Wie oft wurde sich wohl gegen Übergriffe nicht gewehrt, weil jemand meinte, dass nur der ein guter Christ ist, der wehrlos hinnimmt, was ihm geschieht? Echte Nächstenliebe geht nie an der eigenen Würde vorbei. Woran ich merke, ob eine Handlung Nächstenliebe oder eine Form schädigender Selbstverleugnung ist? Am Gefühl, das dabei entsteht: Ist es Nächstenliebe, spüre ich meine Würde. Ich fühle mich wertvoll und froh. Ist es eine falsche Form der Selbstverleugnung, dann fühle ich mich klein, ungenügend, dreckig und wertlos.

Wichtig für den Umgang mit Betroffenen ist zum einen, deutlich zu machen, dass das Verhalten dem anderen gegenüber ebenso mir gebührt und dass Liebe ein freiwilliger Akt ist. Die Grenze der Nächsten- und Feindesliebe beginnt da, wo die Würde des Liebenden dadurch verletzt wird. Liebe ist eine freiwillige Gabe, keine Leistung, die den eigenen Willen ignoriert. Leider werden – oft auch scherzhaft – diese Grenzen aufgeweicht: „Ach komm, aus Nächstenliebe kannst du das doch wohl tun!“, „Na, es heißt doch: ‚Liebt eure Feinde!‘ – kannst du das dann nicht doch erledigen?“ Auch da, wo es als Spaß gemeint wird: Betroffene setzen solche Formulierungen oft unter Druck, kratzen sie doch am eigenen Selbstwertgefühl.

Schuld und Vergebung

Aus der Frage nach Nächsten- und Feindesliebe erwächst oft die von Schuld und Vergebung: „Als gute Christin musst du doch vergeben! Erst wenn du vergeben hast, wirst du wieder frei.“ Mit solchen Aussagen wird vermittelt: In der Gottesliebe bist du erst „ganz wieder drin“, wenn du selbst ohne Groll herumläufst. Unterschiedliche Schriftstellen werden dann angeführt, die zeigen sollen, dass auf die Schuld des anderen die Vergebung zu folgen hat. Im Kontext von Missbrauch ist das fatal, da so oft die Schuld des anderen abgewertet und das Opfer zu Vergebung gedrängt wird.

Welche Schriftstellen und welche Auslegung führen dazu, dass unter dem Deckmantel der Vergebung eine Täter-Opfer-Umkehr erfolgt?

Da ist die Aufforderung:

„Wenn du also deine Gabe zum Altar bringst und dir dort einfällt, dass dein Bruder etwas gegen dich hat, dann lass deine Gabe dort vor dem Altar; geh und versöhne dich zuerst mit deinem Bruder! Danach komm und bring Gott deine Gabe dar.“ (Mt 5,23f. NGÜ)

Vergebung ist hier die Voraussetzung, an den Altar zu treten, also in die Gegenwart Gottes hineinzutreten.

Oder auch die Frage des Petrus:

Da wandte sich Petrus an Jesus und fragte: „Herr, wie oft muss ich meinem Bruder vergeben, wenn er immer wieder gegen mich sündigt? Siebenmal?" – „Nein", gab Jesus ihm zur Antwort, „nicht siebenmal, sondern siebenundsiebzigmal!" (Mt 18,21f. NGÜ)

Es scheint kein Ende zu geben: Egal, wie oft der andere gegen dich sündigt – deine Antwort soll Vergebung sein, immer und immer wieder.

Nicht zu vergessen natürlich das Gleichnis des barmherzigen Vaters (vgl. Lk 15,11–32): Der Vater steht schon da, wartet auf den Sohn, umarmt und küsst ihn bereits, bevor er sich entschuldigen konnte, nimmt ihn wieder ganz in die Familie auf und feiert ein Fest. Egal, was der Sohn vorher gemacht hat: Auch ohne die Entschuldigung bewegt der Vater sich wieder auf ihn zu.

Vergebung ist Jesus ein hohes Gut und sicherlich auch Voraussetzung für ein gelingendes Miteinander. Wie würde unser Zusammenleben aussehen, wenn wir nicht vergeben würden? Wie anstrengend sind nachtragende Menschen, die noch nach Jahren auf Ereignisse zurückkommen: „Aber damals hattest du keine Zeit mir beim Umzug zu helfen. Jetzt helfe ich dir auch nicht." Nur mit Vergebung ist ein Neuanfang möglich. Und ein ständiges Gegeneinander zieht auch Energie.

Für alltägliche Streitigkeiten gilt: Ich kann meinem Bruder jahrelang vorwerfen, dass er schlecht über meinen Partner gesprochen hat. Doch wenn ich das Kriegsbeil nicht begrabe, wird es bei jedem Zusammentreffen wieder knirschen. Ich habe zwei Chancen: Entweder der andere entschuldigt sich, zeigt Reue und ein gemeinsamer Neuanfang ist möglich. Bleibt das aus, kann ich nur versuchen, in dem Sinne zu vergeben, dass ich die Äußerung bei ihm belasse, damit ich nicht weiter verletzt werde. Ich kann meinen Groll aufgeben, um mich nicht weiter von ihm bestimmen zu lassen: „Ich vergebe das Geschehene. Wenn er ein Problem mit meinem Partner hat, dann ist das sein Problem. Ich weiß, warum ich mit ihm zusammen bin, und bin glücklich in der Beziehung. Seine Ablehnung muss mich nicht verletzen."

In der Beichte gibt es die folgende Reihenfolge für die Vergebung: Zunächst die confessio, das Bekenntnis der Schuld, dann die Reue darüber und die Frage nach einer möglichen Wiedergutmachung. Erst darauf folgt die Absolution, die Lossprechung. Im zwischenmenschlichen Miteinander wird die Lossprechung vor allem dann schwer, wenn Reue und Wiedergutmachung fehlen beziehungsweise der Schuldige die Schuld überhaupt nicht bekennt.

Im Kontext von Missbrauch haben wir es damit zu tun, dass zum einen die Verletzung, die der Täter verschuldet, eine sehr tiefe ist und zum anderen die Schuld selten eingesehen wird. Und: Wie kann eine Wiedergutmachung erfolgen? Eine volle Schuldübernahme hilft Betroffenen in der Verarbeitung des Geschehenen. Es hilft, wenn der Täter einsieht, dass es Unrecht war und er eine Strafe erhält, weil so Gerechtigkeit wiederhergestellt wird, die Verdrehungen von richtig und falsch wieder zurechtgerückt werden. Aber Wiedergutmachung? Was geschehen ist, ist mit nichts wiedergutzumachen. Die Folgen sind nicht einfach ausradierbar.

Vergebung kann irgendwann folgen, als ein innerer Akt der Befreiung, als ein Heraussteigen aus dem Opfer-Täter-Zusammenhang. Manchmal ist das Nicht-Vergeben aber auch das, was erst einmal hilft: Im Nicht-Vergeben habe ich „etwas in der Hand" – ich kann dem anderen etwas vorenthalten und steige damit heraus aus der Ohnmacht. Und wenn das jemandem in der Verarbeitung hilft, dann ist das zu respektieren!

Vergebung klingt oft nach: „Dann ist alles wieder gut!" Wie oft hören Betroffene: „Du musst vergeben und es dann vergessen. Lass es hinter dir!" Ja, wenn das so einfach wäre ... Vergeben heißt nicht vergessen. Der Körper vergisst den Missbrauch nicht so einfach. Erinnerungen werden immer wieder hochsteigen. Und so ist für mich auch etwas sehr Wahres und auch für Missbrauchsbetroffene Heilsames in dem Satz: „Du musst nicht sieben Mal, sondern siebenmal siebzig Mal vergeben!" Erinnerungen sind wie ein erneutes Sündigen des Täters. Und ich muss es, wenn ich vergeben möchte, jedes Mal neu vergeben, wenn es hochkommt. Die Sieben steht biblisch für Fülle und Vollendung. Ja, Vergebung ist im Kontext von Missbrauch kein einmaliger Akt und muss immer wieder erneuert werden. Und mit der Vergebungsabsicht ist die Tat nicht vergessen. Darum geht es auch nicht. Es geht vielmehr darum, Befreiungsschritte aus der Macht des Täters herauszusetzen. Vergebung ist keine moralische Verpflichtung, die der

Täter verdient, sondern ein Sich-befreien-Wollen von dem, was einem angetan wurde.

Ich erinnere mich an Maria, die sehr aufgewühlt das Gespräch suchte. Sie hatte in der Beichte dem Pfarrer anvertraut, dass sie einige Jahre von ihrem Stiefvater missbraucht worden war. Sie hatte der Mutter gegenüber Andeutungen gemacht, diese hatte sie aber nicht ernst genommen. Sie litt unter dem schlechten Verhältnis zu ihrer Mutter, die immer älter wurde. Der Priester hatte ihr gesagt, sie müsse halt vergeben. Es sei doch schon so lange her. Die Mutter habe ja nichts gemacht, mit dem Stiefvater hätte sie ja nicht mehr viel zu tun. Wenn sie nicht mit dieser Wut herumlaufen möchte, dann solle sie vergeben, damit ihre Mutter auch friedlich sterben könne.

Im Gespräch mit mir entlud sich ihr ganzer Zorn: Sie hatte sich das erste Mal jemandem anvertraut. Und dann wurde ihr Schmerz und ihr Leiden nicht gehört. Es ging nicht um das, was die Tat mit ihr machte, sondern einzig um ihre Mutter und ihr „Recht" auf ein friedliches Sterben. Sie fühlte sich, als sei sie die Böse, die nicht vergibt und damit gemein zu ihrer Mutter ist. Was stattfand, war eine Täter-Opfer-Umkehr, die sie, glücklicherweise, nicht auf sich sitzen ließ. Es dauerte einige Gespräche, bis wir einen gangbaren Weg mit ihrer Mutter fanden. Dafür brauchte es aber erst einmal Zeit, in der ihr Schmerz da sein durfte. Als der gesehen war, konnte sie schauen, wie sie sich den Umgang mit der Mutter wünschte.

Sie konnte sehen, in welcher Abhängigkeit ihre Mutter von ihrem Stiefvater gesteckt hatte und welche Angst sie hatte, dass die Beziehung nicht halten könnte. Es war keine Bosheit, dass sie ihrer Tochter nicht beigestanden hatte, sondern lähmende Angst. Und dennoch: Sie war die Mutter, sie hätte die Verantwortung gehabt, sie zu schützen. Und hätte ihre Mutter anders gehandelt, hätte sie die Andeutungen gehört, dann wäre Marias Leben anders verlaufen. Das tat weh und schmerzte. Die Mutter trug eine Mitschuld an den Problemen, die Maria im Laufe ihres Lebens hatte. Doch der Blick auf die Ängste der Mutter half ihr, in einen versöhnten Blick zu kommen: „Sie konnte nicht anders. Aber sie hätte anders können müssen." Diese Kombination, der Blick auf die Ängste der Mutter mit der gleichzeitigen Klarheit der Schuld der Mutter, machte es ihr möglich, ihr zu vergeben. Zumindest so weit, dass sich ihre Beziehung beruhigte.

Vergebung kann nicht eingefordert werden und es ist auch zu früh, wenn sie geschieht, bevor das Ausmaß der Zerstörung gesehen wurde, das der Täter angerichtet hat. Vergebung kann erst dann heilsam erfolgen, wenn die Schuld auch klar beim Täter gesehen werden kann. Solange eigene Schuldgefühle einen kleinhalten, ist die Vergebung das nächste, das einen kleinmacht. Eine Vergebung, die zur Heilung beiträgt, ist demnach eine, die aus freien Stücken und ohne moralischen Druck erfolgt, die die Schuld des Täters nicht kleinredet, sondern in vollem Maße sieht, und die ein Schritt der Befreiung aus dem Opfer-Sein heraus ist. Sie ist keine moralische Verpflichtung und kein Vergessen, nichts, womit „alles wieder gut" ist.

Die „Wie auch wir vergeben unseren Schuldigern"-Bitte des Vaterunsers ist eine, die Betroffene häufig sehr herausfordert. Je nach Stadium der Verarbeitung melden sich dabei oft Scham oder Wut: Scham, (noch) nicht vergeben zu können oder zu wollen, und Wut, dass es von ihnen verlangt wird.

Es würde Betroffenen helfen, wenn immer wieder betont würde, dass Vergebung nichts ist, was eingefordert werden kann, lange braucht und auch lange brauchen darf. Dass Vergeben schwierig ist, wenn von der anderen Seite kein Schuldeingeständnis kommt, aber vor allem der Befreiung aus eigenen Opferbindungen dient und keine moralische Leistung ist, um sich die Liebe Gottes zu verdienen.

Anja, eine praktizierende Katholikin, saß weinend vor mir: „Ich kann ihm nicht verzeihen. Es ist heute noch alles so schwierig. Da sind so viele Ängste, die mich am Leben hindern. Wie kann ich einfach verzeihen, was er mir angetan hat? Aber wenn ich nicht verzeihe, was denkt Gott dann von mir?" Was Gott denkt, weiß ich natürlich auch nicht, aber ich kann mir beim besten Willen nicht vorstellen, dass sein erster Gedanke der der Vergebung ist. Geht es ihm nicht vielmehr erst einmal um Trost und Mitgefühl – darum, ihre Verzweiflung mit ihr auszuhalten? Zu diesem Zeitpunkt hätte bei Anja Vergebung nicht dem Leben gedient. Sie hätte sich etwas abgerungen, was ihrer Erfahrung nicht entsprochen hat. Und geht es Gott nicht stets um das, was dem Leben dient?

Grundsätzlich rate ich dazu, die Frage nach Vergebung von selbst nicht ins Spiel zu bringen. Wird sie vom anderen aufgeworfen und ist es kein moralischer Druck, sondern die wahre Sehnsucht des anderen, dann kann gemeinsam nach Wegen gesucht werden, wie es gelingt, sich immer wieder durch Vergebung von dem Täter zu distanzieren. Ich selbst bin sehr vorsichtig damit. Schon häufig habe ich Menschen begleitet, die mir sagten, dass sie ihrem Täter vergeben hätten (ungefragt) – sie erzählten, wie gut es täte und wie sehr Gott sie befreit habe. In den meisten Fällen folgten sie nur einem moralischen Anspruch. Sie glaubten der Vergebung, weil sie so gern daran glauben wollten.

Ich habe eine Frau in Erinnerung, die mir von ihrer Vergebung erzählte, dann aber mit sehr bitterem und wütendem Gesicht von ihrem Täter berichtete. Das Mienenspiel wechselte von einem künstlich angepassten Lächeln bei der Frage nach Vergebung zu bitterer Wut beim Reden über den Täter. Ich ließ sie eine Zeit gewähren, bis ich meine Beobachtung mit ihr teilte und sie dann fragte: „Kann es sein, dass Sie gerne vergeben würden, aber in Ihnen einfach noch viel Wut und Bitterkeit ist, die ihnen das Vergeben noch unmöglich macht?“

Sie wurde ganz ruhig: „Ja, aber ich muss doch vergeben. Ich muss doch.“

„Sie ‚müssen‘ nichts. Sie haben nie eine Entschuldigung von Ihrem Täter erhalten, ganz im Gegenteil. Und der Schmerz, all das Gift in Ihnen, konnte noch nicht ablaufen. Gehen Sie es doch ganz in Ruhe an: Haben Sie sich überhaupt schon wirklich erlaubt, wütend zu sein? Sie wollen vergeben, ja. Das ist auch irgendwann wahrscheinlich hilfreich. Aber alles zu seiner Zeit. Sie müssen es nicht können. Nehmen Sie doch erst einmal ernst, wie es Ihnen geht!“

Vergebung braucht Zeit und die eigene, innerlich gewachsene Bereitschaft dazu. Ein Zwang zur Vergebung wäre nicht mehr als eine erneute Übergriffigkeit.

Wut und die Sehnsucht nach Gerechtigkeit

Bevor Vergebung geschehen kann, brauchen erst einmal der Schmerz und die Wut über das Geschehene ihren Raum. Wut ist jedoch auch leider so ein Gefühl, das im christlichen Miteinander wenig anerkannt ist: „Wir wollen doch gut miteinander umgehen!“, „Jetzt sei doch nicht so wütend, das verdirbt allen die gute Laune“. Dabei haben wir in der Bibel durchaus Wutzeugnisse: Was ist mit der Wut, die Mose

Gott entgegenschleudert, weil es nicht so läuft, wie er es sich erhofft? Oder mit der Wut der Psalmisten, die das Unrecht herausklagen? Was ist mit dem Jesus, der im Tempel die Händler herausschmeißt oder seinen Jüngern deutlich macht, dass Nachfolge nichts mit Macht zu tun hat? Wut ist immer wieder ein treibendes Gefühl, um Ungerechtigkeiten zu beseitigen.

Einige der Psalmen gehen sogar noch weiter und thematisieren nicht nur Wut, sondern auch Rache. Fantasien voller Racheabsichten teilt der Beter und macht so seiner Wut und seinen Verletzungen Luft. Ich finde es sehr bedauerlich, dass gerade diese Psalmen oft herausgestrichen oder gekürzt werden. Natürlich sind die Bilder brutal. Und unerklärt verwende ich sie auch nicht. Aber wenn man sie gut einordnet, bieten sie eine große Chance, mit Gefühlen wie Wut oder Rache positiv umzugehen, statt sie zu unterdrücken. Hast du schon einmal erlebt, dass „du darfst nicht wütend sein!" wirklich funktioniert? Stattdessen sucht sich die Wut ihren Raum und drückt sich in Autoaggressionen oder Traurigkeit aus.

Einige Psalmen wurden aufgrund ihrer brutalen Bilder, die auf den ersten Blick in Konkurrenz zur Nächsten- und Feindesliebe stehen, zum Beispiel aus dem Stundengebet gestrichen. In bestimmten Kontexten halte ich eine Beschäftigung mit ihnen dennoch für sinnvoll. Ich mache es an einem Beispiel eines Psalms deutlich, der besonders starke Bilder verwendet, dem Psalm 58 (NGÜ):

---

2 Ihr Mächtigen, seid ihr wirklich gerecht, wenn ihr eure Urteile fällt? Richtet ihr die Menschen unparteiisch?
3 Ganz und gar nicht! In euren Herzen schmiedet ihr heimtückische Pläne; das Land ist erfüllt von der Gewalt, die von euren Händen ausgeht!
4 Diese Gottlosen sind von Geburt an auf dem falschen Weg, auf Irrwegen gehen diese Lügenmäuler von Mutterleib an!
5 Giftig sind sie wie Schlangen, ja, sie gleichen einer Otter, die ihr Ohr verschließt
6 und nicht auf die Stimme des Schlangenbeschwörers hört, auf den erfahrenen Zauberer, der Schlangen mit Worten zähmen kann.
7 Gott, brich diesen Leuten die Zähne aus! HERR, zerschlage

diesen reißenden Löwen das Gebiss!
8 Lass sie verschwinden wie versickerndes Wasser. Und wenn sie
ihre Pfeile schießen, dann brich diesen die Spitze ab!
9 Ihr Leben soll so kurz sein wie das einer Schnecke, die sich
auflöst und verendet, wie das einer Fehlgeburt, die nie das Licht
der Sonne sieht.
10 Ja, ihr Mächtigen werdet es noch merken: Ehe eure Kochtöpfe
vom Holzfeuer heiß werden – egal, ob das Fleisch noch roh ist
oder schon gart – Gott fegt durch einen Sturm alles hinweg!
11 Wenn Gott Vergeltung übt, wird sich jeder freuen, der nach
Gottes Willen lebt. Ja, er wird seine Füße baden im Blut dieser
gottlosen Verbrecher!
12 Dann werden die Menschen sagen: „Seht ihr – wer Gottes
Willen tut, bekommt doch noch seinen Lohn! Ja, es gibt noch einen
Gott, der gerecht richtet auf dieser Erde!“

Ja, ein extrem brutaler Text! Und doch: Viele Betroffene von Gewalt werden sich in ihm wiederfinden können: „Ihr Mächtigen, seid ihr wirklich gerecht?“ (V.2) – Wie viele Opfer leiden unter der Ungerechtigkeit der Übermächtigen?

„Giftig sind sie wie Schlangen“ (V.5) – Wie viele Opfer fühlen sich vergiftet durch die Manipulationen der Mächtigen?

„Lass sie verschwinden wie versickerndes Wasser“ (V.8) – Wie viele Opfer fühlen sich nach der Tat wie seelisch ausradiert, und wie sehr wünschen sie sich, dass das alles nicht geschehen wäre, dass Tat und Täter verschwinden?

„Gott fegt durch einen Sturm alles hinweg“ (V.10) – Wie sehr wünschen sich manche Opfer, dass auch dem Täter einmal so der Boden unter den Füßen weggerissen wird wie ihnen?

„Wenn Gott Vergeltung übt, wird sich jeder freuen, der nach Gottes Willen lebt.“ (V.11) – Wie sehr sehnen sich Opfer nach Gerechtigkeit und danach, sich wieder freuen zu können, weil die Gerechtigkeit wiederhergestellt ist?

Diese kleinen Beispiele zeigen, dass diese Texte hilfreich sein können, um die eigenen Gefühle nicht zu unterdrücken. Irgendwo verborgen in einem lauern in der Regel Wut und Rachefantasien. Wutworte in Psalmen können helfen, Worte für die oft sehr nebulösen

Gefühle zu finden. Sie können helfen, herauszukommen aus dem Sich-selbst-Kleinmachen. Wahrscheinlich sind einige dieser Psalmen aus traumatisierendem Kriegsgeschehen entstanden und dienten der Verarbeitung der brutalen Gewalt, die sie durch die Eroberer erleiden mussten.

Wichtig herauszustellen ist Folgendes: Es geht um keine blinde Wut und keine gehässige Rache, sondern um ein Wiederherstellen der Gerechtigkeit. Die Feinde sollen erfahren, was die Beter erfahren haben. Sie sollen am eigenen Leib spüren, was sie ihnen angetan haben. Doch die Beter sind nicht die Vollstrecker: Gott wird darum gebeten, Gerechtigkeit wiederherzustellen. Nicht die Beter puschen sich hoch, dem anderen etwas anzutun, sondern sie kommen mit ihrer Klage vor Gott und bitten ihn darum, dass er Gerechtigkeit schaffen möge. Sie vertrauen, dass bei Gott eine Gerechtigkeit möglich ist, die vielleicht irdisch nicht (mehr) realisierbar ist. Den weiteren Verlauf überlassen sie Gott, nachdem ihr Versuch, sich zur Wehr zu setzen, gescheitert ist. Viele Betroffene müssen erleben, dass Gerechtigkeit nicht mehr herstellbar ist: Der Täter ist tot, eine Anzeige würden sie nicht durchstehen oder sie hätte wenig Chancen auf Erfolg, weil nicht genügend Beweise vorliegen. Da kann die Vorstellung helfen, dass der Täter bei Gott damit jedoch nicht durchkommt.

Die Sprache des Psalms ist uns nicht vertraut, die Bilder uns fremd. Doch wie könnte ein Psalm von Betroffenen in Anlehnung an diesen Psalm aussehen? Vielleicht folgendermaßen:

Du hast deine Macht ausgenutzt,
um zu bekommen, was du wolltest.
Manipuliert hast du mich mit deinem Gesäusel
von Liebe und „du willst es doch auch“.
Meine Seele hast du vergiftet,
die als Liebe getarnte Verachtung,
die du für mich hattest,
durchzieht meinen ganzen Leib.
Gott, nimm ihm seine Macht,
mache ihn unschädlich,
sodass sein Gift niemanden mehr bedroht.
Führe ihm vor Augen, was er angerichtet hat

Und lass ihn deiner Gerechtigkeit nicht entkommen.
Denn dann kann ich wieder froh sein,
dann spüre ich wieder meine Würde,
weil seine Lüge ein Ende hat.

Wut und Rachefantasien sind eine gesunde Reaktion unserer Seele auf angetanes Unrecht. Bekommen sie einen Raum, kann Heilung beginnen. Eine Integration von Wutgedanken in die Verkündigung kann einen guten Umgang mit ihnen fördern: Sie werden nicht mehr unter Scham versteckt, sondern bekommen einen Ort, indem sie vor Gott angesprochen und von ihm gesehen werden. Wut hilft, ein Gefühl für die Ungerechtigkeit zurückzubekommen und einen Gott zu entdecken, der mit mir das Unrecht sieht.

Noch ein zusätzliches Wort zur sensiblen Frage nach Gerechtigkeit: Oberstes Ziel ist, wenn möglich, die juristisch wiederhergestellte Gerechtigkeit oder die Anerkennung des Leids durch den Täter. Die Frage nach der Gerechtigkeit Gottes, danach, dass Gott die Wahrheit sieht und den Täter damit konfrontiert, darf nicht dazu genutzt werden, um zu vertrösten und so Bemühungen einer gerichtlichen Klärung aus dem Weg zu gehen. Doch wenn alle anderen Wege ausgeschöpft sind, aus welchen Gründen auch immer, kann es Betroffenen helfen, dass es da einen Ort gibt, an dem der Täter nicht an der Wahrheit vorbeikommt. Es wird ein göttliches Gericht geben – und das kann, so dürfen wir hoffen, mehr als menschliche Gerichte können. Denn hier geht es nicht darum, eine Strafe zu verhängen, unabhängig vom Schuldbewusstsein des Täters, sondern den Täter mit der Wahrheit zu konfrontieren: Er wird nicht daran vorbeikommen, dem ins Auge zu sehen, was er angerichtet hat. Ziel ist nicht Strafe, sondern Aufrichtigkeit.

Nicht jedem Betroffenen mag die Vorstellung vom Gericht Gottes helfen, weil sie oft sehr strafend und einsortierend in Gut und Böse vermittelt wurde. Doch wird es verstanden als ein Ort der wahren Erkenntnis von Gut und Böse im liebenden Angesicht Gottes, dann kann es Betroffenen in dem Bedürfnis, dass der Täter nicht „ungestraft“ davonkommt, helfen. Doch wie schon gesagt sollte es nicht als Versuch genutzt werden, um gerichtliche Verfahren zu verhindern. Auch das habe ich schon erlebt: Eine Frau berichtete mir, wie sie einer

Frau in der Gemeinde anvertraut hatte, dass der pensionierte Priester sie beim Besuch in hohem Maße sexualisiert berührt habe und dass sie überlegen würde, ob sie es nicht melden oder ihn anzeigen solle. Die andere Frau meinte daraufhin: „Ach, er ist doch schon alt. Da wird bestimmt nichts passieren. Er wird sich schon vor Gott zu rechtfertigen haben. Das reicht doch auch, oder?" Warum das nicht „reicht", muss ich, denke ich, nicht weiter erörtern.

Leiblichkeit

Nicht nur die Seele wird durch den Vertrauensmissbrauch verletzt, sondern auch der Leib. Im Körper speichern sich die Erinnerungen, oft auch noch dann, wenn viel von dem Geschehenen schon gut verarbeitet wurde.[17] Die Bibel hat ein sehr gespaltenes Verhältnis zur Leiblichkeit beziehungsweise Paulus und seine Ausleger machen es uns mitunter schwer. Im Alten Testament wird die Leiblichkeit prinzipiell positiv dargestellt: Wir sind leiblich geschaffen und Gefühle und Organe sind im hebräischen Denken aufs Engste miteinander verbunden. So sind Seele und Kehle zum Beispiel ein und dasselbe Wort. Diese Verbindung von Gefühlen und Leiblichkeit haben wir auch heute in unserem Sprachgebrauch: „Das ist mir auf den Magen geschlagen", „Ich habe einen Kloß im Hals", „Das macht mir Bauchschmerzen". Alttestamentlich ist der Mensch eine Leib-Seele-Einheit. Paulus allerdings unterscheidet immer wieder zwischen „Seele" und „Fleisch", ganz beeinflusst von den griechischen Denkern seiner Zeit. Seine Beschreibungen haben dazu geführt, dass die Leiblichkeit eine Abwertung erfahren hat und der Körper eher als lästige Hülle, denn als Erfahrungsort Gottes erlebt wird.

Betroffene haben erlebt, dass ihr Leib als Objekt missbraucht wurde und keinerlei Wertschätzung im guten Sinne erfuhr. Der Leib hat tiefe Verletzungen erduldet, Berührungen, die nicht einfach „abwaschbar" sind, so sehr man es vielleicht versucht. Sie heilen auch nicht einfach durch eine positive Gegenberührung, sondern haben sich oft sehr tief eingebrannt.

17 vgl. Kapitel 3.1 „Ein kleiner Einblick in unser Gehirn"

Und doch – haben wir nicht in unserer Liturgie Möglichkeiten, der Frage nach der Leiblichkeit, der verletzten Leiblichkeit, mehr Raum zu geben?

Eine kleine Erfahrung: Der Pfarrer der hiesigen Gemeinde bestückt die Monstranz[18] stets mit einer gebrochenen Hostie. Seine Begründung: „Jesus hat schließlich beim letzten Abendmahl das Brotbrechen in den Mittelpunkt gestellt, dann sollte es doch auch gebrochen sein." Schon bevor ich dies das erste Mal sah, ging mir die Frage nach dem gebrochenen Brot nach: In der Eucharistie schauen wir als Bild für den Leib auf eine helle, makellos geformte Hostie. Kein Platz für Wunden und Gebrochenheiten, obwohl es doch um den Leib Christi geht, von dem wir wissen, wie er am Kreuz endete. So war ich sehr angetan, als ich die gebrochene Hostie das erste Mal sah: Ja, in dieser Hostie hatte auch ich Platz, in dem Gebrochenen. Diesem Christus konnte ich mich näher fühlen. Und was für ein schönes Bild: Das Gebrochene, nicht perfekt, in der glänzenden, wertvollen Monstranz.

Nach einem Gottesdienst mit Anbetung bekam ich mit, dass Gemeindemitglieder sich darüber unterhielten, was denn mit der Hostie sei: „Ist sie schon so alt, dass sie kaputt gegangen ist?" Diese Irritation nahm ich zum Anlass beim nächsten Gottesdienst, den ich leitete, die gebrochene Hostie in der Monstranz zum Thema zu machen. Ich erklärte, warum die Hostie gebrochen ist, und sprach vor der Anbetungszeit folgenden selbst formulierten Text:

---

zerbrochen gegenwärtig

„Tut dies zu meinem Gedenken!"
hast du gesagt
und das Brot gebrochen.

In unsere Risse hinein
hast du dich gebrochen,
nicht makellos-majestätisch kommst du daher,

18 Eine Monstranz ist ein kostbar verziertes Schaugefäß, in dem die Hostie (der Leib Christi) zur Verehrung gezeigt oder zur Anbetung auf den Altar gestellt wird.

sondern verwundbar, zerbrechlich, verletzt.

Als würdest du uns entgegen rufen:
„Schau her, wie sie mich geschunden haben,
gedemütigt, misshandelt, missbraucht,
schau, was mir geschehen ist ...

Du musst nicht verstecken,
was in dir verwundet ist,
musst deine Risse nicht kitten,
um dir, um mir oder irgendwem sonst zu genügen.

Ich kenne allen Schmerz, alle Scham,
alle Einsamkeit und Angst.
Du bist damit nicht allein,
bist nicht allein mit all deinen Rissen.

Komm, setz dich zu mir her,
schau meine Wunden an –
und spüre langsam, Schritt für Schritt:
Du hast Würde, in jeder deiner Wunden!
Ich halte sie aus,
mit dir und in dir,
gemeinsam.

Durch meine Wunden wirst du geheilt,
durch meine Wunden bist du geheilt.
Keine Wunde nimmt dir deine Würde!

Und dann, mit diesem Blick gestärkt,
geh hinaus in die Welt,
schaue ihre Wunden an,
und brich dich in sie hinein:
Du und ich, die ganze Welt,

ein Leib
verwundet und lichtvoll strahlend zugleich.“

Immer dann, wenn ich die Gebrochenheit der Hostie zum Thema mache oder in Wortgottesfeiern das Brotbrechen noch bewusster vollziehe, erfahre ich, dass sich ein Raum öffnet, um über eigene Verwundungen zu sprechen. Einige Rückmeldungen:

„Das hat mir gutgetan. Wissen Sie, ich habe in meiner Kindheit schon viel Prügel einstecken müssen. Das war nicht schön.“

„Die Geburt meines Kindes, das war so schrecklich, wie man mit mir umgegangen ist. Das geht mir heute noch nach.“

„Als Kind habe ich einige Übergriffe erleben müssen. Dass auch das Platz vor Jesus hat, das hilft mir.“

Im Brotbrechen, im gebrochenen Leib Jesu Christi, haben all die gebrochenen und zerstörten Körper Platz. Alle Erfahrungen von Verwundungen gehen nicht ins Leere. Zu seinem Gedächtnis sollen wir das Brot brechen. Mit seiner Liebe für die Gebrochenen wollte Jesus Christus in unserem Gedächtnis bleiben.

Hoffnung auf Heilung

Die Bibel ist voll von Heilungsgeschichten. Jesus kommt zu einem Menschen, das Leiden wird bemerkt und er heilt es. Wohl jeder Betroffene wünscht sich doch genau das: Dass da ein Moment kommt und zack – alles ist wieder gut! Die Angst löst sich und man kann wieder befreit durchs Leben tanzen. Die verstummten Lippen öffnen sich und das Leiden kann erzählt werden. Die blinden Augen werden wieder sehend und Recht und Unrecht können wieder erkannt werden. Die Ohren, die taub geworden sind für liebevolle Worte, können wieder aufnehmen, dass der andere es gut mit einem meint. Ja, wer, der unter irgendetwas leidet, sehnt sich nicht nach Heilung?

Im freikirchlichen Kontext erlebe ich es immer wieder, dass Menschen versprochen wird, wenn sie nur genug beten würden und Jesus tief genug in ihr Herz ließen, dann würden sie geheilt werden. Das Ergebnis ist nicht nur Enttäuschung, sondern auch das Gefühl, selbst versagt zu haben, eben nicht genug zu glauben. Doch: Heilung hat nichts mit Leistung zu tun! So manches Mal wird das „dein Glaube hat dir geholfen“ in den Heilungswundern missinterpretiert. Natürlich braucht es die Hoffnung auf Heilung, den Glauben daran, dass Heilung überhaupt möglich ist, damit Wandel geschehen kann.

Nehmen wir ein völlig banales Beispiel: Wenn ich glaube, dass ich nie Autofahren lerne und dazu absolut unfähig bin, werde ich es ganz schön schwer haben, mich überhaupt um Fahrstunden zu kümmern. Sollte ich das geschafft haben, werden meine Angst und Vorsicht mir sicherlich ziemlich hemmend im Weg stehen. Oder ein anderes Beispiel: Wenn ich daran glaube, dass ich die 30-km-Wanderung schaffe, stehen die Chancen deutlich besser, als wenn ich mit der Gewissheit loslaufe, dass ich nach der Hälfte garantiert den Bus nehmen muss. Glaube ich daran, dass etwas möglich ist, dann wird meine positive Grundeinstellung mehr möglich machen, als wenn ich es für unmöglich erachte. So ist es, denke ich, auch bei Heilungen: Heilung wird kaum einsetzen, wenn ich sie nicht wenigstens ein wenig für möglich halte. Den Glauben daran, dass Wandel möglich ist – den braucht es, allein schon, um ihn überhaupt zu bemerken.

Heilung braucht in der Regel Zeit, auch wenn es Schlüsselmomente gibt, die große Schritte sind. Für mich war ein solcher Heilungsmoment, als ich im Gebet spüren durfte, dass Gott mit Freude auf mich schaut. Das war ein Moment, der mir einen anderen Blick ermöglicht hat. Ein bisschen wie eine Kippkarte, die das erste Mal das andere Bild zeigt. Während mein Bild von mir selbst bis dahin eher das einer Frau war, die andere nervte oder störte oder gar nicht da war, war da nun ein Gefühl, dass Gott sich an mir freut, mir zulächelt. Ich war gesehen – und zwar nicht nur neutral, sondern mit Freude gesehen. Eine tiefe Heilungserfahrung. Seit dem Moment trage ich das Bild eines Gottes in mir, der sich über mich freut.

Doch es ist nicht so, dass ich das immer fühlen könnte: Die Karte kippt ab und zu zurück. Da ist auch immer wieder das andere, alte Bild präsent. Und manchmal strenge ich mich sogar an, aber bekomme bei allen Kippversuchen das Gesicht des sich freuenden Gottes nicht wieder in den Blick. Und doch bleibt es anders, als es vorher war: Ich habe dieses Gesicht schließlich schon einmal gesehen und weiß, dass es da ist, wenn auch für den Moment verborgen. Es gibt eine Zeit vor der Erfahrung und eine danach, aber es ist nicht so, als dass danach „alles anders“ gewesen wäre und das tief eingeprägte Bild nicht nach wie vor das erste wäre, wenn ich auf mich schaue.

Heilung geschieht nicht nur im Überwinden, sondern viel öfter darin, Wege gefunden zu haben, mit dem Geschehenen umzugehen. Eine Frau verdeutlichte es mir einmal folgendermaßen: „Als ich in der Bibel las, wie Jesus sagt: ‚Was ihr einem dieser Geringsten getan habt, das habt ihr mir getan‘, da flossen mir Tränen: Ich war nicht allein, mit dem, was mir passiert ist. Jesus war mit mir verletzt. Das hat mich getröstet. Der Schmerz und meine Ängste waren damit nicht weg. Ich drücke mich immer noch vor vielen Dingen, fühle mich unsicher oder bin traurig und antriebslos. Aber ich verurteile mich nicht mehr dafür. Ich bin trotzdem ok. Jesus fühlt mit mir. Und so geht es mir schon sehr viel besser. Nicht, dass ich nicht hoffe, dass noch mehr Heilung geschieht, aber der Druck ist weg, dass ich nur liebenswert und in Ordnung bin, wenn vollständige Heilung da ist.“

Mit der Hoffnung auf Heilung sollte also vorsichtig umgegangen werden: Ja, Gott schenkt Heilung. Daran glaube ich zutiefst. Doch manche Wunden sind so tief, dass sie nur schwer heilen. Und das ist nicht die „Schuld“ der Betroffenen. Auf keinen Fall sollten Versprechungen gemacht oder Heilung an „Glaubensleistungen“ gekoppelt werden. Prämisse sollte sein: „Du bist von Gott geliebt, gesehen und geachtet, auch mit deinen Wunden.“ Statt eine Hoffnung auf Heilung zu groß werden zu lassen, lade ich eher ein zu entdecken: Was hilft dir, im Glauben mit dem umzugehen, was dir geschehen ist? Was macht deinen Alltag lebendig und lebenswert? Welche Hoffnung trägst du in dir und wo erlebst du, wenn auch noch so klein, anfanghafte Erfüllung?

12. Praktische Hinweise für eine heilsame Spiritualität

All die bisher erwähnten Einblicke: Welche Hinweise geben sie uns für eine möglichst heilsame Spiritualität? Im Folgenden berichte ich aus meiner eigenen (pastoralen) Praxis und gebe konkrete Ideen. Die Anregungen sind bei Weitem nicht erschöpfend, sondern sollen vor allem auch das eigene Nachdenken anregen: Welche Bibeltexte und welche Rituale können eine heilsame Spiritualität unterstützen? Gibt es einen bestimmten Umgang mit Bibeltexten, der dazu beiträgt, dass Betroffene einen Gott entdecken können, der es gut mit ihnen meint und an ihrer Seite ist? Welche Texte fördern ein heilsames Gottesbild und welche wirken schnell retraumatisierend? Welche Rituale können einen Glauben unterstützen, der auch für das Leiden Raum bietet und hilft, statt immer wieder in die vergangene Tat zurückkatapultiert zu werden, im Hier und Jetzt zu leben? Welche Gebetssprache kann unterstützen?

Umgang mit Bibeltexten

Viele Betroffene haben erlebt, dass man ihnen nicht glaubt, wenn sie von der Tat berichten, was manchmal dazu führt, dass sie sich selbst fragen, ob sie übertreiben. Andere sind unsicher in ihrer eigenen Wahrnehmung geworden: „Der Täter sagt, alles ist richtig so, für mich fühlt es sich aber falsch an – was stimmt denn jetzt?“ Wieder andere haben nur wenig Erinnerungen und quälen sich aufgrund der Unvollständigkeit damit, ob sie es sich vielleicht doch nur einbilden. Aufgrund ihres ausgeprägten Alarmsystems haben die meisten Betroffenen eine sehr scharfe Wahrnehmungsgabe, trauen ihr jedoch nicht.

Was bedeutet das für den Umgang mit Bibeltexten? In Gemeinden gibt es häufig Gruppen, die sich zum Bibelteilen treffen. Dabei geht es vor allem darum, den Text für das eigene Leben zu entdecken. Was sagt mir der Text heute in meiner persönlichen Situation? Solch eine

Gruppe kann für Betroffene eine Möglichkeit sein, ihre eigene Wahrnehmung zu äußern und zu erleben, dass sie ein wertvoller Beitrag für das Gruppengeschehen ist. Es tut gut, wenn es zu Beginn eine Ermutigung gibt, in der noch einmal deutlich gemacht wird, dass es in diesem Moment nicht darum geht, den Text historisch-kritisch in jedem Detail zu verstehen, sondern es das Wichtigste ist, dass man sich persönlich von dem Text ansprechen lässt. Die Meinung von jedem und jeder ist wichtig für den Prozess, weil der Text so seinen Reichtum entfaltet und damit andere inspiriert. Natürlich wird nicht jede Äußerung dem Text in seiner ursprünglichen Absicht gerecht, aber sie wird dennoch zu einem Vehikel für das Lauschen auf die Stimme Gottes in dem Moment. Und darum geht es auch. Wichtig ist außerdem, im Prozess darauf zu achten, dass es nicht abrutscht in ein „Wer hat den Text besser verstanden?", sondern es vor allem um das persönliche Angesprochen-Sein geht.

So kann das Bibelteilen zu einem Ort werden, an dem erfahren wird, dass die eigene Meinung wertvoll ist und gehört werden möchte. In kirchlichen Kreisen haben wir diese Orte leider viel zu wenig. Hochkarätige Vorträge oder Wissensvermittlung durch Hauptamtliche sind häufiger anzutreffen als Gruppen, die gemeinsam nach der Stimme Gottes suchen – und sich zutrauen, dass ihre Deutung des Glaubens Relevanz hat. Leider wurde zu stark vermittelt, dass es „Glaubensexperten" gibt, und die anderen, die von ihnen lernen und sich sagen lassen, wie Glaube „richtig" geht. Doch alles, was ermutigt in Glaubensfragen mündig zu werden, stärkt den eigenen Glauben. Nicht nur Missbrauchsbetroffenen tut es gut, wenn sie erleben, dass ihre Wahrnehmung Relevanz hat. Uns allen würde es guttun, immer mehr zu entdecken, dass die eigenen Glaubenserfahrungen und Fragen wichtig sind und von Gott erzählen. Um Gott zu entdecken, braucht es niemanden, der einem sagt, wie Glauben richtig geht. Wenn wir tatsächlich glauben, dass wir Geschöpfe des Schöpfers sind, sein Abbild; wenn wir glauben, dass wir in der Taufe Christus anziehen, und in der Firmung bestärkt werden, Tempel des Heiligen Geistes zu sein – ja, dann sind wir doch auch in der Lage, Gottes Gegenwart zu entdecken und dann sind wir genauso ermutigt, unsere Erfahrungen miteinander zu teilen.

Wichtig im Umgang mit Bibeltexten ist es also, zur eigenen Wahrnehmung des Textes zu ermutigen. Das heißt nicht, dass ich nicht eine andere Auslegung danebenlegen darf, wenn das Verstehen des anderen der Textabsicht widerspricht. Es ist jedoch die Frage, wie ich das tue – ob mit einem „Nein, so ist der Text nicht gemeint" oder mit einem „Der Text war historisch damals anders gedacht in seiner Absicht. Aber es ist spannend, was du heute in ihm entdeckst". Auch ist zu respektieren, wenn ein Text jemandem nicht guttut. Wenn zum Beispiel die Vergebungsbitte im Vaterunser aufstößt und in dem Moment schwierig ist, kann ich zwar ein anderes Verständnis für diese Bitte daneben legen, aber bitte nicht, ohne zu respektieren und zu achten, dass diese Stelle für andere gerade vergiftend und retraumatisierend wirkt. Was nicht passieren sollte, ist ein Überreden, den Text doch gut zu finden, oder ein Abmildern oder Wegreden der Emotionen des anderen.

Ich habe eben geschrieben, dass die Arbeit mit Bibeltexten eine Chance sein kann zu erleben, dass die eigene Wahrnehmung wertvoll und gewollt ist. Gleichzeitig sollte immer berücksichtigt werden, dass oft auch eine große Unsicherheit mitschwingt, wie mit den eigenen Äußerungen umgegangen wird. Hier sollte zu nichts gedrängt werden: „Es ist auch in Ordnung, einmal vor allem zuhörend dabei zu sein oder nur einzelne Worte zu teilen. Du musst nichts leisten! Aber du bist eingeladen, das zu teilen, was du teilen möchtest."

Einige biblische Texte sind schwierig, wenn man nicht ermutigt, auch den Störfaktor zu erwähnen. So zum Beispiel die Texte, die zur Feindesliebe auffordern oder dazu, sein Leben für den anderen hinzugeben. Diese Texte können oft wirken, als sei das eigene Leben wertlos und wichtig wäre nur der andere. Zunächst einmal darf es hier Raum für Unmut geben und die Erlaubnis, Grenzen zu ziehen. Wie sind solche Texte gemeint? Ich habe selbst lange mit ihnen gekämpft und mich gefragt, wie ich gut mit ihnen umgehen kann. Bei mir war es eine Passage aus dem dritten Gottesknechtlied (Jes 50,4–9), die mich zu einer Deutung geführt hat, mit der ich viel anfangen kann:

„GOTT, der Herr, gab mir die Zunge von Schülern, / damit ich verstehe, die Müden zu stärken durch ein aufmunterndes Wort. Jeden Morgen weckt er mein Ohr, / damit ich höre, wie Schüler hören. GOTT, der Herr, hat mir das Ohr geöffnet. / Ich aber wehrte mich nicht / und wich nicht zurück. Ich hielt meinen Rücken denen hin, / die mich schlugen, und meine Wange denen, / die mir den Bart ausrissen. Mein Gesicht verbarg ich nicht / vor Schmähungen und Speichel. Und GOTT, der Herr, wird mir helfen; / darum werde ich nicht in Schande enden. Deshalb mache ich mein Gesicht hart wie einen Kiesel; / ich weiß, dass ich nicht in Schande gerate. Er, der mich freispricht, ist nahe. / Wer will mit mir streiten? Lasst uns zusammen vortreten! / Wer ist mein Gegner im Rechtsstreit? / Er trete zu mir heran. Siehe, GOTT, der Herr, wird mir helfen. / Wer kann mich für schuldig erklären? Siehe, sie alle zerfallen / wie ein Gewand, das die Motten zerfressen."

Ein Text, der mich extrem herausgefordert und irritiert hat: Das kann doch Gott nicht wollen, dass ich mich freiwillig schlagen lasse, mich dem aussetze, ohne mich zu schützen? Was ist das für ein Gott, der das fordert, wenn man seine „frohe" Botschaft verbreiten möchte? Das Gottesknechtbild wird ja später häufig auf Jesus, den erwarteten Messias, übertragen – so etwas erwartet Gott von seinem Sohn? „Gott hat mir das Ohr geöffnet, ich aber wehrte mich nicht" – ein Gott, der mir gegenüber übergriffig wird?

Und doch fand ich mich in dem Text wieder. Dieses Gefühl, einer Übermacht ausgeliefert zu sein, das kannte ich. Schlüssel zum Verstehen wurde mir der Satz: „Deshalb mache ich mein Gesicht hart wie einen Kiesel, denn ich weiß, dass ich nicht in Schande gerate." Ich verstehe diesen Satz folgendermaßen: Wenn mein Gesicht „hart wie ein Kiesel" ist, dann kann mir nichts etwas anhaben – ganz im Gegenteil: Die schlagende Hand wird sich an ihm verletzen. Der Gottesknecht kann all diese Gewalt so gelassen hinnehmen, weil er im Letzten darum weiß, dass er von Gott so geschützt ist, dass ihm nichts und niemand etwas anhaben kann: „Gott wird mir helfen. Siehe, sie alle zerfallen, wie ein Gewand, das die Motten zerfressen." Dieser Vers wurde für mich zu einem tröstenden Zuspruch: Es mag sein, dass du

Gewalt erfahren wirst, aber im Letzten bist du geschützt. Gott steht auf deiner Seite und die Wahrheit wird sich am Ende durchsetzen.

Der Gottesknecht kann also die Gewalt erdulden, weil er weiß, dass in ihm eine Würde ist, die stärker ist. Nur dadurch kann er das. Der Text ist keine Aufforderung, einfach alles über sich ergehen zu lassen. Er ist vielmehr zu verstehen als ein Text, der eine tragische Realität zeigt: Es gibt Gewalt und es ist nicht auszuschließen, dass dir etwas geschieht. Aber wenn, dann sei dir gesagt, dass du dadurch, in den Worten der Bibel gesprochen, nicht „in Schande gerätst", sondern Gott „dir nahe ist". So wurde der Text zu einem Text, der mir half, eigene Erfahrungen zu integrieren. Wenn biblisch davon die Rede ist, Gewalt hinzunehmen, dann nicht, weil es mir nicht zusteht, mich zu wehren. Es spiegelt eher die Momente wieder, wo eine Gegenwehr nicht möglich ist. Dann bleibt mir immer noch das Vergewissern meiner gottgegebenen Würde, die stärker ist, als jede Gewalt. Im Psalm 118 heißt es: „Der Herr ist bei mir. Was können Menschen mir antun?" (vgl. Ps 118,6)

Es soll und darf jedoch kein billiger Trost sein oder genutzt werden, um Gegenwehr zu verbieten oder unmöglich zu machen. Hier gilt es, besonders sensibel zu sein: Die Texte rufen nicht auf, sich nicht zu wehren. Ebenso verlangen sie nicht nach einem heroischen Glauben, der es mir, im Wissen um Gottes Liebe, möglich macht, alles andere zu ertragen. Sie können jedoch manchmal, richtig verstanden, eine Einladung sein, sich der Würde zu vergewissern, die unzerstörbar ist.

Weitere schwierige Texte in diesem Zusammenhang sind zum Beispiel auch die Seligpreisungen (Mt 5,1–12), die ebenso schnell als Aufforderung scheinen, alles mit sich machen zu lassen: Ich bin selig, wenn ich verfolgt und verschmäht werde, keine Gerechtigkeit erfahre? Es geht jedoch nicht darum zu sagen, dass „nur" selig ist, wer solchen Schrecken erlebt, sondern dass die Seligkeit auch davor nicht zurückweicht. Bei Gott bin ich auch dann selig, wenn mir solches widerfährt. Mir ist letztens folgender Ausspruch begegnet, der gut zeigt, wie man traumasensibel mit den Seligpreisungen umgehen kann. Da heißt es, als eine Abwandlung der Seligpreisungen: „Blessed are the cracked for they let in the light." (Gesegnet sind die Zerbrochenen, denn sie lassen das Licht hinein.) Nicht das Gebrochen-Sein ist seligzupreisen, ebenso wenig die Verfolgung oder Ähnliches. Doch nichts hält von der Seligkeit ab – auch in die Gebrochenheiten hinein kann göttliches Licht fallen.

Ähnlich schwierig ist folgender Text, der erst einmal so schön daherkommt: das Hohelied der Liebe in 1 Kor 13,4–7. In schönen Worten beschreibt es die Liebe:

„Die Liebe ist langmütig, die Liebe ist gütig. Sie ereifert sich nicht, sie prahlt nicht, sie bläht sich nicht auf. Sie handelt nicht ungehörig, sucht nicht ihren Vorteil, lässt sich nicht zum Zorn reizen, trägt das Böse nicht nach. Sie freut sich nicht über das Unrecht, sondern freut sich an der Wahrheit. Sie erträgt alles, glaubt alles, hofft alles, hält allem stand."

Ja, echte, beidseitige Liebe ist so. Aber wie oft haben Täter versucht, ihren Opfern weiszumachen, dass das, was da geschieht, aus Liebe geschieht? Und wie oft hat das Bild einer Liebe, die alles erträgt, dazu geführt, dass die schon lange überfällige Grenze nicht gesetzt wurde? Liebe macht es möglich, am anderen so einige Marotten zu ertragen und nachsichtig und geduldig auf den anderen zu schauen. Aber wenn übergriffig mit mir umgegangen wird, dann ist das keine Liebe und dann verlangt das auch nicht nach einer liebenden Antwort, sondern danach, mich zu schützen und der Gewalt zu entfliehen.

In dem Text geht es um einen Hochgesang auf das, was Liebe alles ermöglicht, nicht darum, Opfer von Gewalt mundtot zu machen. Das hatte Paulus an der Stelle sicherlich nicht im Blick. Und daher ist es wichtig, hier zu differenzieren, weil dieses Bild der alles ertragenden Liebe ansonsten dazu führt, dass eigenen Grenzen nicht nachgegangen wird.

Darüber hinaus begegnen uns biblisch immer wieder Figuren, die sich von Gott ohne großes Fragen herausrufen lassen aus ihrem eigenen Umfeld und das tun, was Gott von ihnen wünscht. Meistens gibt es keinen Weg an einer Berufung vorbei. Gott scheint da sehr unnachgiebig, was Einspruch angeht. Als Mose versucht, ihm klarzumachen, dass er für den Auftrag nicht geeignet ist, stellt er ihm zwar Aaron an die Seite, aber er entlässt Mose nicht aus dem Auftrag (vgl. Ex 4). An solchen Stellen kann für Betroffene das Bild eines übergriffigen Gottes provoziert werden, der die Grenzen des anderen nicht achtet. Sollten solche Äußerungen in Gesprächen kommen, dann ist es gut, sie nicht einfach wegzuwischen, sondern ihnen Raum zu geben: „Wie geht es dir mit dem Verhalten Gottes? Was löst das in dir aus?" Sicherlich geht es nicht darum, einen „übergriffigen" Gott zu zeichnen, sondern einen, der davon überzeugt ist, wie wichtig der andere für ihn ist, der uns Menschen braucht, damit seine Botschaft sich ausbreitet. Ein Gott, der mit sich verhandeln lässt und ermutigt, weil er mehr in mir sieht, mir mehr zutraut.

Dennoch ist es ratsam, immer wieder auch biblische Personen zu erwähnen, die Widerstand leisten, so zum Beispiel Abraham, der mit Gott handelt, um Sodom zu retten (vgl. Gen 18,23–33), Hiob, der Gott anklagt (vgl. Hiob 3), Jakob, der mit Gott am Jabbok kämpft (vgl. Gen 32,23–33) oder auch die Syrophönizierin, die sich gegen Jesus in einem theologischen Streitgespräch durchsetzt (vgl. Mk 7,24–29). Diese Figuren machen deutlich, dass der Gott der Bibel einer ist, mit dem ich diskutieren und streiten darf. Er ist keine Macht, der ich mich einfach nur beugen muss, sondern einer, der mit mir ins Gespräch geht.

Ein anderer wichtiger Punkt im Umgang mit der Bibel sind Verharmlosungen in Übersetzungen. In der Bibel kommt sexualisierte Gewalt an unterschiedlichen Stellen vor, doch oftmals wird sie verharmlosend übersetzt. So wird zum Beispiel in Dtn 22,23–27, wo es um sexuelle Übergriffe geht, von „miteinander schlafen" oder „sich hinlegen", statt von Vergewaltigungen gesprochen. Hier gilt es, wachsam entsprechende Worte zu wählen, die keine Einvernehmlichkeit dort vortäuschen, wo es um Gewalt geht. Ebenso problematisch ist es, wie oft die Einheitsübersetzung das Wort „schänden" statt „vergewaltigen" nutzt: „Schänden" lässt schnell an „Schande" für das Opfer denken, provoziert Schuld- und Schamgefühle und unterstützt damit ein Tabuisieren.[19]

Bibelstellen, die dezidiert sexualisierte Gewalt thematisieren, sind zum Beispiel die Vergewaltigung von Jakobs Tochter Dina (vgl. Gen 34), die Vergewaltigung von Davids Tochter Tamar (vgl.

19 vgl. Sexualisierte Gewalt in und mit der Bibel. Bibel und Kirche 1/2023, S. 10.

2 Sam 13), die Vergewaltigungen und Vergewaltigungsabsichten in Gen 19 und Ri 19, der Versuch der Vergewaltigung an Susanna (vgl. Dan 13[20]) oder Josef und die Frau des Potifar (vgl. Gen 39,1–20). All dies sind Geschichten, die helfen können, angesichts biblischer Erzählungen über sexualisierte Gewalt ins Gespräch zu kommen. Dass dies retraumatisierend sein kann und ein solcher Text nicht ohne Warnung besprochen werden sollte, versteht sich von selbst. Ein Umgang mit solchen Texten kann dazu beitragen, Betroffenen die Scham zu nehmen. Gleichzeitig lösen sie häufig Erinnerungen an eigenes Erleben aus. Ein vorsichtiges Abwägen ist hier also gefragt, wenn es um den Einsatz solcher Texte geht.

Rituale, die den eigenen Gefühlen Raum geben

Rituale können Heilungswege begleiten. Wichtig ist bei allen Ritualen, dass sie kein Wundermittel sind. Nur, weil man sich in einer Tauferinnerung einmal an die eigene Würde erinnert hat, ist sie nicht zwangsläufig wieder zugänglich. Oder weil man durch bewusste Naturwahrnehmung erfahren hat, wie es ist, ganz im Augenblick zu sein, gelingt das von nun an nicht immer. Die Dämonen der Vergangenheit sind damit nicht weg. Zu Warnen ist vor allem vor einer Überhöhung von Ritualen! Formulierungen wie „Die Tauferinnerung wird euch eure priesterliche, königliche und prophetische Würde spüren lassen" sind kontraproduktiv. Betroffene fragen sich unter Umständen: „Und was ist dann mit mir falsch, wenn ich das nicht fühle?" Stattdessen sollte wesentlich vorsichtiger dazu eingeladen werden: „Die Tauferinnerung führt uns unsere priesterliche, königliche und prophetische Würde vor Augen. Sie ist uns zugesprochen, auch dann und vielleicht auch gerade dann, wenn wir sie nicht spüren können." Alles, was Versprechungen macht, die vielleicht nicht eingehalten werden können, wirkt eher beschämend als heilsam.

Und doch haben Rituale eine große Chance. Sie können vor allem da begleiten, wo Worte fehlen. Außerdem ist hier der Körper oft einbezogen, was die Möglichkeit bietet, dass der Leib heilsame Erfahrun-

20 In evangelischen Bibeln nicht enthalten.

gen machen kann. Im Folgenden einige lose Ideen für Rituale, die keinen Anspruch erheben, die „stimmigsten“ Rituale zu sein. Sie sollen vielmehr zum Denken und eigenen Entdecken anregen. Ein Ritual muss zu dem passen, der es anleitet. Nicht jeder fühlt sich mit jedem Ritual wohl. Ein Tanz mit vorgegebenen Schrittfolgen entspricht mir nicht. Würde ich so einen Tanz anleiten, wäre es wahrscheinlich für niemanden eine gute Erfahrung. Freies Tanzen jedoch entspricht mir und könnte ich anleiten. Daher erläutere ich auch nicht exakt ausgearbeitete Ritualfeiern, sondern stelle hier vor allem Anregungen zusammen.

Was wir von den Sakramenten lernen können

Die Sakramente sind Heilszeichen unseres Glaubens. Sie beinhalten meiner Meinung nach wichtige Inhalte für eine heilsame Spiritualität, die die Würde erfahren lässt, in die wir von Gott gestellt sind. Gleichzeitig sind sie natürlich sehr eng mit ‚traditioneller‘ Spiritualität verbunden, was für Menschen, die im Raum der Kirche sexualisierte Gewalt erfahren haben, auch schwierig sein kann.

Von Gott geliebt und gewollt: die Taufe

Die Taufe ist für mich das Sakrament schlechthin, das uns zeigt, wie wertvoll wir sind und welche Würde wir haben. Wir feiern, dass wir von Gott gewollt und geliebt sind. Die Zusage Gottes an Jesus gilt auch für uns: „Das ist mein geliebtes Kind. An ihm habe ich Gefallen gefunden!“ (vgl. Mk 1,11) Sakramententheologisch gilt die Taufe als unauslöschliches Prägemal: Die Zusage der Taufe gilt. Gott schließt einen unauflösbaren Bund mit dem Täufling.

Betroffene sexualisierter Gewalt haben oft nur noch einen sehr geringen Zugang zu ihrer Würde. Manche fühlen sich, als sei sie ihnen ganz genommen worden oder zutiefst zerstört. Das unauslöschliche Prägemal der Taufe kann daran erinnern, dass diese Würde zwar durch die Taten verdeckt wurde – und diese Erschütterung ist schlimm –, aber sie kann nicht genommen werden. Ich erlebe immer wieder, wie gut Betroffenen diese Zusage tut: „Wenn du es selbst gerade nicht spürst, dass du geliebt, kostbar und wertvoll bist: Für Gott ist es nicht nur so, sondern es ist dir in der Taufe auch ein für alle Mal zugesagt. Und diese Zusage, die gilt. Die konnte weder die Tat auslöschen, noch kann es dein Gefühl.“

Wichtig ist hier jedoch, Betroffenen ihr Gefühl nicht ausreden zu wollen. Das Gefühl ist ja da. Wenn es auch verdreht ist: Es ist die momentane Lebensrealität und damit die gefühlte Wahrheit in dem Moment. Doch die Zusage der Taufe kann eine weitere Wahrheit danebenlegen – die, die verdeckt wurde von der Tat. Für mich selbst war es zum Beispiel eine Zeit lang sehr hilfreich, mich bewusst mit Weihwasser zu segnen und mich dabei an die Taufe zu erinnern, als einen positiven Satz gegen alles eigene Gefühls- und Gedankenwirrwarr: „Du bist von Gott geliebt, ohne Wenn und Aber!" Ein bewusstes Erinnern an die Zusage der Taufe tut sicherlich allen gut! Wie sähe unsere Welt aus, unser Umgang mit unseren Nächsten und der mit uns selbst, wenn wir uns unsere eigene Würde und die eines jeden Menschen öfter vor Augen führen würden?

Das gebrochene Brot und der gebrochene Mensch: die Eucharistie

Wie schon im Kapitel über die Leiblichkeit erwähnt: Beim Letzten Abendmahl nahm Jesus das Brot, brach es, reichte es seinen Jüngern und sagte: „Das ist mein Leib, tut dies zu meinem Gedächtnis" (vgl. Lk 22,19). Das Brot, Symbol für seinen Leib, bricht er und reicht es dann, gebrochen, seinen Freunden. Jesus zeigt sich hier nicht majestätisch. Er wählt das einfache Brot und dann auch noch das gebrochene als Erinnerungszeichen, als seinen Leib. Im Kontext der Kreuzigung erinnert es nicht nur an die lebensspendende Kraft, die das ausgeteilte Brot bietet, sondern auch an Jesu gebrochenen Leib.

Ich erinnere mich an eine Agapefeier, in der wir tatsächlich selbstgebackenes Brot miteinander teilten. Es war so knusprig gebacken, dass das Zerbrechen sehr geräuschvoll vonstattenging. Weil thematisch das „Ein-Leib-Sein" im Fokus stand, thematisierte ich das Brechen gar nicht besonders. Nach dem Gottesdienst kam eine Frau zu mir und sagte: „Mir kamen beim Brechen des Brotes die Tränen. Das Geräusch war so laut, fast gewaltig durch das Mikro. Du hast vorher davon geredet, dass wir ein Leib sind, alle zusammen. Und ich dachte in dem Moment: Ein Leib, mit alldem, was an uns kaputt und zerbrochen ist. Das gehört auch dazu. Und das wünsche ich mir: dass wir uns aushalten, mit all unseren Macken und zerbrochenen Lebensträumen."

Die Eucharistiefeier oder Rituale, die das Brechen des Brotes in den Mittelpunkt stellen, sind eine große Chance, die Gebrochenheit unseres Lebens zu thematisieren. Sie müssen nicht versteckt werden. Sie dürfen da sein, mitten im Zentrum unseres Glaubens.

Ein weiterer wichtiger Aspekt in der Eucharistie ist neben der Erinnerung an Jesu Wirken die Frage der Danksagung. Eine Folge von sexualisierter Gewalt sind depressive Verstimmungen bis hin zu schweren Depressionen. Depressiv verstimmt sieht man keinen Grund zum Dank, alles wirkt mühsam und beschwerlich oder einfach fad und eintönig. Dankbar für das Geschenk meines Lebens zu sein – trotz aller Herausforderungen –, ist ein wichtiger Lebensmotor für ein sinnerfülltes Leben. Wenn Gründe zum Dankbarsein in depressiven Verstimmungen oft wie nicht mehr zugänglich wirken, sind sie doch da.

Oftmals wird christlich Dankbarkeit erzwungen: „Sei dankbar für das, was du hast. Andere haben es schlimmer!" Das nimmt die traurige oder klagende Person nicht ernst in ihren Gefühlen und stellt sich über sie. Doch einzuladen, nach Gründen zur Dankbarkeit zu schauen, kann helfen, wieder anders auf das eigene Leben zu blicken: „Vielleicht geht es euch gerade so, dass die letzte Zeit mühsam war. Herausforderungen haben es oft in sich, dass sie alle Gedanken und Gefühle absorbieren und nur noch die Berge vor einem, aber nicht der Blick vom Gipfel gesehen wird. Ich möchte euch einladen, einmal zu schauen, ob es nicht etwas gibt, wofür ihr dankbar seid – und sei es noch so klein. Wenn gerade nichts da ist, ist es auch in Ordnung, aber vielleicht findet ihr ja etwas." (Ein konkretes Beispiel, das der „Dankbarkeitsschnur", folgt später bei den Ritualen.) Warum hilft die Haltung der Dankbarkeit? Sie macht deutlich, dass mir Dinge, gute Dinge, geschenkt sind, die ich nicht machen musste. Eine dankbare Haltung schult den Blick darauf, dass mich nicht nur Gefahren, sondern auch Schönes umgibt.

Vom Heiligen Geist bewohnt: die Firmung

Die Firmung bekräftigt die Taufzusage. Sie stellt die Gegenwart Gottes in der Heiligen Geistkraft in den Mittelpunkt. Die Anwesenheit des Heiligen Geistes wird in der Charismasalbung zugesprochen. Wir sind Tempel des Heiligen Geistes! Ich halte dieses Bild für eines, das im Umgang mit Betroffenen von Gewalterfahrungen sehr gut einsetzbar ist: Sie mussten erfahren, dass sie nicht behandelt wurden wie ein „Tempel", der Kostbares beherbergt, sondern wie ein Objekt, mit dem man gewaltsam und zerstörerisch umgeht. Sie haben keine Hochachtung, sondern Geringschätzung erlebt. Und infolge dieser Erfahrungen bleibt häufig ein Gefühl von „dreckig“, „schmutzig“ oder „wertlos“ sein zurück.

Oftmals behandeln Betroffene sich dann selbst entsprechend: Es wird kein großer Wert auf Hygiene gelegt und die Gesundheit des eigenen Körpers wird vernachlässigt. Manche ertragen es kaum, in den Spiegel zu schauen oder haben eine verzerrte Selbstwahrnehmung. Den Wert des eigenen Leibes und Lebens wiederzuentdecken, neu zu erahnen, dass sie so wertvoll sind, dass sie Hochachtung verdienen, dazu kann das Bild des Tempels des Heiligen Geistes helfen. Und zwar nicht verstanden wie ein Eindringling, der sich in ihnen eingenistet hat, sonders als Hochachtung vor der Lebenskraft, der Geistkraft, die sie am Leben erhalten hat, trotz all dem Zerstörerischen. Als Hochachtung vor dem Willen zum Leben in ihnen, wenn er auch manchmal sich durch tiefe Dunkelheiten hindurchkämpfen muss.

Warum nicht einmal die Heilige Geistkraft in einem neu mit einer Salbung bekräftigen? Ich habe ein Fläschchen Nardenöl bei mir, dass ich immer wieder nutze, persönlich oder in Andachten und Gottesdiensten, um der Zusage der Heiligen Geistkraft in unserem Leben nachzuspüren. Gern schenke ich solche Fläschchen im richtigen Moment weiter.

Einen neuen Anfang wagen: die Beichte

Die Beichte ist leider allzu oft ein Ort des Übergriffs geworden oder ist so mit einem moralisch rigiden Schuldbegriff verknüpft, dass der Wert des Sakramentes kaum noch entdeckt wird. Dabei könnte sie ein Ort sein, um falsche Schuldgefühle zu entlarven. Sie kann gut sein, um ins Gespräch zu bringen, wo ich selbst, durch die Folgen der Tat, nicht gut mit mir umgegangen bin und einen neuen Anfang machen möchte. Hier ist jedoch der Grat ein sehr schmaler, dass da etwas geschehen kann an falscher Schuldverlagerung: „Jetzt bin ich auch noch schlecht zu mir selbst!“

Weil die Beichte in so einem schlechten Ruf steht und es leider viel braucht, um einen neuen, guten Zugang zu gewinnen; weil es bisher nicht selbstverständlich ist, dann auch auf jemanden zu treffen, der entsprechend geschult ist, gut mit solchen Themen umzugehen; weil die meisten Betroffenen Frauen sind und ihre Geschichte ungern einem Mann anvertrauen, ist es oftmals sicherlich zielführender, andere Rituale der Versöhnung anzubieten. In der Klinikseelsorge habe ich es häufig erlebt, dass Frauen bei mir beichten wollten. Ich erklärte dann, warum das nicht geht, erwähnte aber auch, was möglich ist. Obwohl ich dabei oft sagte, dass ich leicht den Kontakt zu einem Priester herstellen kann, der ein guter Beichthörender ist, wurde das Angebot nur ein Mal angenommen. Den anderen war es wichtiger, dass sie sich einer Frau gegenüber öffnen konnten, die sie außerdem schon kannten.

Doch Momente der Versöhnung anzubieten, kann sehr heilsam sein. Ich sage bewusst „Versöhnung" und nicht „Vergebung". Versöhnung geht heraus aus einer Täter-Opfer-Dynamik und lädt ein, mehr auf ein Versöhnt-Sein (oder Unversöhnt-Sein) mit dem eigenen Leben zu schauen. Gibt es etwas, womit du nicht im Reinen bist? Was du hinter dir lassen möchtest? Etwas, womit du deinen Frieden schließen möchtest? Nicht, dass das dann auch sofort eingeholt werden könnte. Doch manchmal tut es gut, im Leben Entscheidungen der Versöhnung zu treffen: „Mein Leben war, wie es war. Ich hätte es mir anders gewünscht. Aber ich möchte nicht weiter in der Vergangenheit bleiben. Ich schließe Frieden mit meinem bisherigen Leben. Nicht, dass ich gutheißen würde, was mir geschehen ist. Aber ich möchte trotz allem leben und in die Zukunft gehen."

Schritte der Versöhnung mit der eigenen Lebensgeschichte sind sehr sensible Schritte. Erfolgen sie zu früh, dann nehmen sie nicht ernst, was geschehen ist. Versöhnung kann nur geschehen, wenn auch die Zerrissenheit da sein durfte. Daher sollten solche Schritte nie von außen vorgeschlagen werden. Es ist aber hilfreich, wenn es Möglichkeiten gibt, wo solche Schritte in einem kleinen, vorsichtigen Rahmen erfolgen können. Die Jahreswende bietet sich hier zum Beispiel an: Möchte ich mit dem neuen Jahr bewusst etwas hinter mir lassen? Oder auch die Fastenzeit: Gibt es etwas, womit ich mich vielleicht auch innerlich aussöhnen möchte? Vielleicht eine Haltung mir selbst gegenüber, die lebenshinderlich ist? Möchte ich stattdessen einmal eine neue Einstellung mir und meinem Leben gegenüber versuchen?

Weitere Rituale

Weitere Ritualideen, die ich hier lose zusammenstelle, folgen einigen wenigen ausgewählten Themen Betroffener, auf die es spirituelle Antwortmöglichkeiten gibt: der Umgang mit Zweifeln, Klagen und Trauer, die Frage nach „Heil-sein" in der Gebrochenheit, die Frage nach der Wut, die Frage nach Dankbarkeit und Vertrauen und die Frage nach der Gegenwart im Moment.

Zum Umgang mit Zweifeln, Klagen und Trauer: Negative Gefühle haben in unseren Gemeinden häufig wenig Platz oder werden auf die Fürbitten reduziert, also auf den Bereich, wo es eher um andere Menschen geht, als um einen selbst. Und doch ist es wichtig, den negativen Gefühlen einen Raum zu geben. In unserer Kirche haben wir seit neustem eine „Klagemauer". Vor der Mauer stehen Zettel und Stifte und die Kirchenbesucher sind eingeladen, Trauer, Zweifel und Klagen aufzuschreiben und in die Mauer hineinzustecken. Die Gefühle finden so im Wort einen Ausdruck, werden aber dann auch wieder, vor Gott, abgelegt. Nebenan gibt es die Möglichkeit, eine Kerze anzuzünden, mit der Bitte, dass doch Licht werde, in die Not hinein. Bewusst steht auf dem erklärenden Zettel, dass auch ein leerer Zettel hineingesteckt werden kann, wenn man keine Worte hat, oder auch ein Symbol darauf gemalt werden kann. Neulich kam eine Besucherin auf mich zu und meinte: „Ich dachte immer, ich sei die Einzige, die ihre Lasten mit sich herumschleppt. Aber wenn ich hier die Menge an Zetteln sehe, dann merke ich: Ich bin damit ja gar nicht allein!"

Zu der Frage nach dem „Heil-Sein" in der Gebrochenheit oder einem guten Umgang mit Gebrochenheiten hier nur ein paar fragmentarische Ideen: Angelehnt an die japanische Kintsugi-Kunst[21] lade ich ein, schwarze Kieselsteine mit einem Goldstift zu verzieren oder auch Scherben mit Gold zu umranden und so den Goldspuren in aller Gebrochenheit nachzugehen.

Ein anderes mir wichtiges Bild ist, mit der Heiligen Geistkraft zum „Street-Artist" meines Lebens zu werden. Es gibt Straßenkünstler, die bewusst versuchen, die unansehnlich wirkenden Stellen zu verschönern: Was kann aus den Rissen im Asphalt meines Lebens Wunderbares herauswachsen?

21 Die japanische Kunst des Kintsugi besteht darin, dass zerbrochenes Porzellan mit einer Goldmasse wieder zusammengesetzt wird. Dadurch bleiben die Risse, die Gebrochenheit, zwar sichtbar. Gleichzeitig sieht der Gegenstand jedoch kostbarer aus denn je – und wird dazu einmalig.

Gern gebe ich auch eine Schale mit dunkler Erde und darin verborgen einer goldenen Murmel zur Meditation an die Hand. Die goldene Murmel steht für den göttlichen Kern in uns, die strahlende Würde, auch wenn sich so manche Dunkelheiten darum herum legen. Ich lade ein, den goldenen Kern einmal herauszunehmen, zu betrachten und sich bewusst zu werden, dass es in uns diesen heilen, hellen, strahlenden und sicheren Ort gibt. Dann darf jeder für sich schauen, wie er den Kern wieder platzieren möchte: tief verborgen, ein wenig sichtbar, dann sichtbar, wenn man eine erste, feine Schicht entfernt, oder offen liegend.

Ein anderes mir wichtiges Ritual ist es kostbares Salböl herumzugeben und damit die Körperstellen zu benetzen, wo ich mir besonders die Kraft des Heiligen Geistes wünsche: in meinen Gedanken, meinen Worten, dem, was ich höre, oder dem, was ich tue?

Zu der Frage nach der Wut: Ich lade gern dazu ein, einen eigenen Wutpsalm zu schreiben und darin der Enttäuschung, dem Zorn und vielleicht auch den Rachegedanken einen Raum zu geben. Ich darf das aussprechen! Es muss mir nicht peinlich oder unangenehm sein. Ich bin kein schlechter Mensch: Wut ist erst einmal eine sehr gesunde Reaktion auf die verletzte Würde! (Viel härter ist es, wenn sich die Wut gar nicht einstellt, weil noch nicht erkannt wird, dass man es nicht verdient hat, so behandelt zu werden.) Je nach Person kann es guttun, den Psalm anschließend für sich oder auch vor jemand anderem einmal Gott gegenüber auszusprechen. Andere Möglichkeiten sind, den Psalm bewusst ans Kreuz zu legen und so Gott zu bitten, mit mir lebensdienliche Wege mit meiner Wut zu finden. Oder auch, ihn mit Weihrauch zu verbrennen und aufsteigen zu lassen – nicht um die Wut zu „vernichten“, sondern um sie als Gebet ohne Worte aufsteigen zu lassen.

Zu der Frage nach Dankbarkeit und Vertrauen: Erkenne ich Gründe, warum ich dankbar sein kann (natürlich nicht für die Tat, sondern für andere Bereiche in meinem Leben!), dann hilft das, auch wieder Vertrauen ins Leben zu finden. Ich entdecke, dass nicht alles schlecht ist, was mir geschieht. Ein Bewusstsein für die kleinen Momente hilft manchmal sehr. Ich habe mit Frauen in einer Suchtklinik einmal Dankbarkeitsschnüre gebastelt: Zehn Perlen an einer Schnur, die man verstellen konnte. Im Laufe des Tages waren sie ermutigt, nach zehn

Gründen für Dankbarkeit zu suchen: „Es geht nicht darum, dass Sie dankbar sein *müssen*, sondern darum, dass man in schwierigen Zeiten so mit überleben beschäftigt ist, dass man das Gute, das einen auch umgibt, nicht mehr sieht. Es soll eine freiwillige Entdeckungsreise sein, wenn Sie Lust haben, einmal mehr dem Guten nachzugehen."

Nach ein paar Tagen kam mir eine Frau entgegen und sagte: „Also, wenn ich aufmerksam bin, dann hab ich schon bis Ende des Frühstücks zehn Gründe zusammen: Dass ich eine eigene Dusche im Zimmer habe und ich den Geruch von meinem Duschgel wirklich mag, dass da so ein reiches Frühstücksbuffet steht und ich nicht selber Frühstück machen muss und überhaupt Frühstück da ist. Ich hatte oft kein Geld für Frühstück. Dass meine Tochter mir eine ‚Guten Morgen'-WhatsApp geschickt hat. Dass mir die Mitpatientin, mit der ich mich immer zoffe, trotzdem den Zucker gibt, wenn ich danach frage … Wenn ich so schaue, dann fällt mir erst auf, dass mein Leben ja doch auch echt gute Seiten hat!" Das Sehen all der Momente, wo es das Leben auch gut mit mir meint, kann helfen, wieder Vertrauen zu fassen und das Alarmsystem zu reduzieren. Ich kann einen Gott erleben, der mich mit dem beschenkt, was ich brauche, um mein Leben trotz der Herausforderungen zu meistern.

Zu der Frage nach der Gegenwart im Moment: Betroffene sexualisierter Gewalt sind damit konfrontiert, dass Erinnerungen sie immer wieder zurück in die Vergangenheit katapultieren. Sie erleben in Flashbacks und Dissoziationen, dass ihnen die Gegenwart entzogen ist. In solch einem Zustand hilft es wenig, das Geschehene aufzuarbeiten, da es nur neuerlich erlebt wird, ohne heilen zu können. Damit das alte Geschehen heilen kann, braucht es ein klares Verortet-Sein in der Gegenwart. Neben Yoga, Qigong, Progressiver Muskelentspannung und Ähnlichem helfen unterschiedliche Gebetshaltungen, um immer mehr das Dasein im Moment zu üben.

Eine Übung, um das Gegenwärtigsein im Moment zu fördern, ist für mich das bewusste Wahrnehmen der Natur oder meiner Umgebung mit meinen Sinnen. Vielleicht auch bewusst nur mit einem Sinn, um mich besonders zu fokussieren und so gefordert zu sein, im Augenblick zu bleiben: „Gott, du vertraust uns deine Schöpfung an. Die nächsten fünf Minuten möchte ich bewusst all das wahrnehmen, was mich an Geräuschen umgibt." Oder: „Gott, heute Morgen trinke ich diese Tasse Kaffee, ohne mich mit dem Handy abzulenken, ich verkoste dieses kleine Wunder des Alltags." Unsere Wahrnehmung verbindet uns mit unserem Schöpfer und hilft uns, ganz im Moment zu bleiben.

Eine andere große Hilfe ist die Kontemplation, das Stille Gebet. Dies braucht Übung und den richtigen Zeitpunkt. Außerdem zu Beginn auch Begleitung und Erklärungen. Wenn das alte Geschehen einen zu sehr überflutet, kann Stille auch bedrohlich werden, weshalb hier gut geschaut werden muss, welche Form von Stille unterstützt und welche bedroht. Der erste Schritt ist hier, wie schon beschrieben, das Dasein in der Schöpfung mit allen Sinnen. Ein weiterer ist das bewusste Wahrnehmen des ganzen Körpers. Darauf folgt die Wahrnehmung des Atems – dass es in mir atmet und mein Atem den Körper durchzieht, ohne mein Zutun. Letztlich wird mit dem Ein- und Ausatmen der Name Jesus Christus gesprochen.

Wenn auch das lange Sein in der Stille nicht zu jeder Zeit für jeden etwas ist, so ist doch das bewusste Atmen und sich dabei mit Gott verbinden etwas, das sehr hilft, im Moment zu bleiben. Auch in Situationen, in denen es mir innerlich eng wird, kann ich, wenn ich ein wenig geübt bin, darauf zurückgreifen. Das kontemplative Beten bietet die Möglichkeit, ohne nach eigenen Worten suchen zu müssen, ganz in der Gegenwart Gottes zu bleiben. Wenn ich mich an das bewusste Atmen gewöhnt habe, dann wird es mich von selbst in die Gegenwart zurückführen, wenn ich abschweife. Kommen Gedanken und Gefühle, dann geht es darum, diese zwar wahrzunehmen und zu bündeln, aber nicht in ihnen zu verharren, sondern schlicht in die Wahrnehmung zurückzukommen. Doch das braucht wie gesagt Übung und in der Regel auch gute Begleitung.

Das bewusste Wahrnehmen des Atems findet sich in fast allen Religionen. Die Konzentration darauf hält im Hier und Jetzt und verbindet mit dem Gedanken, dass der Schöpferatem uns durchdringt, dass wir lebendig sind, ohne unser Zutun. Der Atem steht uns immer zur Verfügung und kann helfen, wieder zur Ruhe zu kommen, wenn wir uns bedrängt fühlen. Mit dem zusätzlichen Gedanken, dass Gott uns mit dem Atem erfüllt und belebt, kann sich manche Spannung lösen.

Eine Gebetssprache (neu) entwickeln

Hier aus dem vorher Beschriebenen eine kurze Zusammenfassung, welche Gebetssprache traumasensibel ist.

- *Weite in den Gottesbildern*: Eine gewisse Bandbreite in den Gottesbildern hilft. Wenn zum Beispiel das Vaterbild belastet ist, tut es gut, wenn nicht nur dieses Bild verwendet wird, da sonst die Gottesbeziehung verstellt ist. Eine Bandbreite an Bildern lädt auch ein, nach dem momentanen Bild zu suchen, das der eigenen Gottesbeziehung dienlich ist. Da der Großteil der Täter männlich ist, sollte darauf geachtet werden, dass auch weibliche Bilder verwendet werden. Nicht nur für Betroffene ist das hilfreich – auch dich wird es in deiner Gottesbeziehung unterstützen.
- *Keine Übermacht*: Betroffene haben die Erfahrung einer schädlichen Macht erlebt. Wenn Macht im Sprechen mit Gott und über Gott vorkommt, ist es daher wichtig zu zeigen, dass diese Macht eine gute ist, so zum Beispiel: „Gott, du König, an der Seite der Armen deines Volkes", oder auch: „Gott, allmächtig in Liebe und Barmherzigkeit, die Würde, die du mir schenkst, kann niemand zerstören". Noch besser ist es, wenig machtvolle Gottesbilder zu nutzen, sondern solche, die die Zugewandtheit zu den Menschen in den Vordergrund stellen.
- *Annährend und nicht festschreibend*: „Gott, du bist ..." ist schwierig für die, die sich in diesen Bildern nicht wiederfinden. Entdecke ich gerade Gott nicht in diesen Bildern, kommen schnell Schamgefühle auf. Daher sind Bilder hilfreich, die vorsichtiger und subjektiver sind: „Gott, du zeigst dich mir gerade als der, der sich um mich sorgt. Wenn ich das nicht mehr spüre, wenn ich mich alleingelassen fühle, dann erinnere mich doch an diesen Moment."
- *Nicht übergriffig*: Eine heilsame Sprache des Gebets zeigt einen Gott, der Respekt vor dem Einzelnen hat, der nicht „einfach tut", sondern die eigenen Grenzen achtet. Sie sorgt dafür, dass nicht neue Erfahrungen von Übergriffigkeit gemacht werden, sondern solche, die dazu beitragen können, dass negative Erfahrungen heilen: „Gott, du weißt um mich, siehst meine Grenzen. Behutsam hörst du mir zu und wartest auf mich, wenn ich noch keine Worte habe."

13. Was ist mit den Tätern in den Gemeinden? Und mit den Leugnerinnen?

In unseren Gemeinden sitzen auch Täter: der Mann, der seine Frau vergewaltigt, der Lehrer, der seine Schülerin sexuell belästigt hat, und der Ministrant, der in der Disko gern Frauen abfüllt, um sie sich gefügig zu machen. Erschreckt dich das beim Lesen? Ehrlich gesagt, mich beim Schreiben genauso. Aber warum sollte es nicht so sein? Täter und auch Täterinnen leben mitten unter uns.

Für eine gute Prävention braucht es auch die Bereitschaft, Täter zu begleiten. Außerdem benötigen Täter Räume, sich ihrer Schuld zu stellen. Wir dürfen sie mit ihrer Geschichte nicht allein lassen. Die Frage ist jedoch: Wer ist dieses „wir"? Tätergeschichten zuzuhören ist schwierig – hilfreich für Täter ist dies nur, wenn es Zuhörenden gelingt, den Täter nicht abzulehnen. Die Tat: ja! Jedoch nicht den Täter. Und das muss und kann nicht jeder. Als Hauptamtliche handhabe ich es so, dass ich, kommt jemand zu mir, erst einmal zu einer Begleitung bereit bin. Ich bin bereit, die Person hinter der Tat zu sehen.

Bisher habe ich erst wenige Täter begleitet. Leicht ist mir das nicht gefallen. Doch ihre deutlich ausgesprochene und glaubhaft vermittelte Reue hat es mir möglich gemacht. Wie es ohne Reue gewesen wäre, das weiß ich glücklicherweise nicht. Und doch: Die Begleitung von Tätern fordert mich heraus. Ich kämpfe jedes Mal damit, dass da etwas in mir ist, was die Tat gar nicht verstehen möchte. Ganz bewusst muss ich dagegen angehen: Es bringt doch auch nichts, wenn man ihm verweigert zu reden, zu bereuen, einen Neubeginn zu finden. Was, wenn ihm niemand zuhört? Wie soll dann auch bei ihm Heilung geschehen? Und doch geht es nicht, ohne dass ich an die denke, die noch heute unter dem leiden, was er ihnen angetan hat.

Seine Geschichte zu hören und zu verstehen versuchen, was da geschehen ist, dass er zum Täter geworden ist, fordert mich dennoch sehr heraus. In der Regel mache ich in solchen Momenten transparent, dass ich nicht weiß, ob ich ihm eine gute Zuhörerin sein kann. Dass ich ihm Ansehen schenken möchte und so die Begleitung beginne – trotz und mit seiner Tat. Und dass ich, wenn es mir nicht gelingen sollte, mit ihm jedoch nach jemandem schaue, der ihn begleiten kann. Wir müssen mit Tätern nicht umgehen können und wir können vielleicht auch nicht garantieren, dass das gelingt. Es ist in Ordnung, nicht verstehen zu wollen. Und doch glaube ich, dass wir, wenn jemand Reue zeigt, zumindest ausprobieren sollten, wie weit wir auf ihn zugehen können, wenn wir dazu in der Lage sind. Nicht wenige Täter sind zuerst selbst Opfer gewesen. Das entschuldigt keine Tat. Doch auch ihre Geschichte verdient es, gehört zu werden – nicht nur zur Prävention weiterer möglicher Taten, sondern um ihrer selbst willen. Doch – das darf schwer sein!

Ich erinnere mich an einen Mann, der sehr gewaltvoll in seinem gesamten Auftreten war. Ich fühlte mich unwohl. Er erzählte recht direkt vom sexuellen Missbrauch an seiner Ehefrau – und auch von seiner Not im Umgang mit dem Geschehenen. Ich selbst bewegte mich zwischen Anerkennung seiner Ehrlichkeit und der Sehnsucht nach Wiedergutmachung und meinem eigenen Gefühl von Angst und Vorsicht. „Verurteilen Sie mich?“, fragte er mich am Ende.

„Nein“, konnte ich in dem Moment ehrlich sagen. „Ich verurteile die Tat; mich beschäftigt, welche Konsequenzen Ihr Verhalten für Ihre Frau hat [sie war Alkoholikerin geworden]. Aber ich habe große Achtung dafür, dass Sie hier sitzen und so ehrlich erzählen. Und dass Sie sich trauen, mir diese Frage zu stellen. Ein so wichtiger Schritt, den Sie gegangen sind.“ Seine letzte Frage – und seine Dankbarkeit über meine Antwort – ließ mich ihm im nächsten Gespräch ohne Angst begegnen. Ich entdeckte den Menschen hinter der Tat.

Erste Gemeinden sind damit konfrontiert, dass sie (in der Regel emeritierte) Priester in der Gemeinde haben, die zu einem früheren Zeitpunkt zu Tätern geworden sind. Sie verrichten einige Dienste, wenn die Tat lange her ist, Reue und Therapie erfolgt sind. Die Gemeinde weiß um die Geschichte, als zusätzlichen Schutz. Ich hoffe, diese Gemeinden werden gut darin begleitet, wie es gehen kann, gemeinsame Wege zu finden: Wie können Betroffene geschützt werden, die nicht durch ihn missbraucht wurden, aber in denen die eigene Geschichte wieder abläuft, wenn er am Altar steht etc.? Es wäre wünschenswert, einen guten, transparenten Umgang mit Tätern zu finden, die ihre Tat bereuen. Hier stehen wir kirchlich sehr am Anfang.

Ein anderer Bereich, aber auch nicht zu vernachlässigen, sind die Menschen in den Gemeinden, die Täter schützen oder Missbrauch nicht wahrhaben wollen oder ihn herunterspielen. Was das für Betroffene bedeutet, ist leicht vorstellbar.

Ein kleines, persönliches Beispiel: Ich sitze um Erntedank herum in einem Gottesdienst. Die Gemeinde ist nicht meine, aber ich kenne sie ein wenig. Ich bin schon früh dran, sehe die Liedzettel und höre, wie „Laudato Si" geprobt wird. Mir wird ganz mulmig zumute. Es war doch eigentlich groß genug in den Medien, dass Winfried Pilz, auf den das Lied zurückgeht, kirchenrechtlich untersucht sich mehrfach des Missbrauchs an Schutzbefohlenen schuldig gemacht hat. Haben sie das nicht mitbekommen oder ist es ihnen egal?

Nach langem Hin und Her, aufstehen, wieder hinsetzen und wieder aufstehen, entscheide ich mich dafür, die Musiker zu informieren: „Entschuldigung, ich habe Sie gerade ‚Laudato Si' proben hören. Es ist jetzt kurz vor Beginn des Gottesdienstes, wahrscheinlich werden Sie es nicht mehr ändern können. Ich möchte Sie jedoch informieren, dass der Komponist mehrfach verurteilter Missbrauchstäter ist. Das ging in den letzten Wochen durch die Medien. Wahrscheinlich haben Sie es nicht mitbekommen, aber ich wollte Sie nur vorwarnen, falls Menschen im Gottesdienst sind, die darum wissen. Nicht, dass Sie ins offene Messer laufen." Eine Frau war aufmerksam bestürzt, jemand anderen interessierte es wenig, ein anderer fuhr mich brüsk an: „Na und, wollen Sie jetzt etwa sagen, dass man das Lied nicht mehr singen darf? Ich mag das Lied! Und außerdem, das gibt es ja wohl oft genug in der Musik- und Kunstgeschichte. Dürfen wir das alles jetzt nicht mehr anschauen oder hören? Das ist doch bescheuert!"

„Naja, die Opfer leben noch und gerade die Bekanntheit durch das Lied hat ihm sicherlich den Missbrauch leichter gemacht."

„Das ist mir egal. Ich mag das Lied."

Wie erschlagen ging ich zurück auf meinen Platz. Hätten nicht rechts und links von mir Leute gesessen – ich wäre gegangen. Ich hielt es kaum noch aus in dem Raum. Solch eine Ignoranz gegenüber Betroffenen! Ein „Oh, das kriegen wir jetzt so schnell nicht besprochen, wie wir damit umgehen …" hätte ich hinnehmen können. Aber dieses Desinteresse hat eigene Gefühle des Nicht-gehört-und-gesehen-Werdens aktualisiert. Ich fühlte mich dreckig und schuldig. Die Verdrehungsmaschinerie war in Gang gesetzt.

Um irgendwie das Erlebte zu verarbeiten, postete ich später in den sozialen Medien folgenden Text, damit an anderen Orten ein sensiblerer Umgang möglich wird:

„Es ist Erntedankzeit und immer wieder höre ich, wie in Gemeinden und anderen Kreisen nach wie vor ‚Laudato Si' von Winfried Pilz gesungen wird. Wer es in den Medien nicht mitbekommen hat: Winfried Pilz hat sich, laut kirchenrechtlicher Untersuchungen, mehrfach des Missbrauchs Schutzbefohlener schuldig gemacht.

Ich bekomme echte Bauchschmerzen, wenn ich Kinder ein Lied singen höre, das von einem mehrfachen Missbrauchstäter geschrieben wurde. Da dreht sich bei mir alles um, ehrlich gesagt.

Auch aus Respekt vor den noch lebenden Betroffenen werde ich das Lied nicht mehr singen.

Es gibt so viele schöne Schöpfungslieder für Kinder – wer mag, kann Vorschläge in die Kommentare packen!"

Zahlreiche Nachrichten von Menschen erreichten mich, die von ihren eigenen Erfahrungen erzählten und davon, wie gut es ihnen tut, wenn darauf geachtet wird, dass Missbrauchstäter nicht weiter ein Forum bekommen. Darunter auch Nachrichten von Personen, die Ähnliches erlebt hatten und damit kämpften, erdulden zu müssen, dass es einigen Menschen egal zu sein scheint, wie ein weiteres Singen solcher Lieder ankommt. Was bei ihnen ankam: Das Singen eines Schlagers, mit dem man wohlige Gefühle verbindet, ist wichtiger als das Herausstellen des Unrechts von Missbrauchstaten.

Immer da, wo in Gemeinden Missbrauch heruntergespielt wird, signalisiert man Betroffenen, dass nicht schlimm war, was ihnen geschehen ist, sie sich nicht so anstellen sollen und man ihnen nicht zuhören wird: „Wofür brauchen wir ein Schutzkonzept? Hier passiert doch nichts!", „Das nervt einfach, dieses ständige Gerede von Missbrauch – als wäre die Kirche nur schlecht!", „Ach, so viel wird da nicht gewesen sein ... Man kann sich auch wichtig nehmen!"

Betroffene ernst nehmen beginnt damit, dass man mit Prävention und Schutzkonzepten in der Gemeinde verantwortungsvoll umgeht. Ein Offenlegen, welche Schutzkonzepte in der Gemeinde genutzt werden, und ein Werben für Präventionskurse sind ein Signal dafür, dass das Thema ernst genommen wird. Kleine Sätze können da einen Unterschied machen. Sage ich zu Erstkommunionkatechetinnen: „Sie wissen ja vielleicht, als Katechetinnen müssen Sie einen Präventionskurs machen. Ja, das ist leider Vorschrift – anders geht es nun mal nicht …"? Oder: „Sie wissen ja vielleicht, als Katechetin gehört ein Präventionskurs dazu. Uns ist es wichtig, dass die Kinder gut aufgehoben sind. So tun wir alles, was uns möglich ist, damit keine Übergriffe geschehen." Eine betroffene Katechetin – in welcher Gemeinde wird sie sich wohler fühlen?

14. *There is a crack, a crack in everything*: Ein Slamtext[22]

„Pharmakologisch ist es möglich, bewusst ausgewählte Erinnerungen dauerhaft zu löschen. Durch Gabe eines Proteinhemmers im Moment der Erinnerung wird die Synapsenverbindung aufgelöst und so die Erinnerung getilgt." Mein Pulsschlag steigt an auf Mäusetempo und mein Herzklopfen ist nun auch wach, als ich diese Sätze lese. Hin- und hergeworfen werde ich zwischen erstarrendem Entsetzen und erwartungsvoller Erleichterung.

Wie wäre das, wenn ich all meine negativen Erinnerungen von einem Moment auf den anderen einfach so auslöschen könnte? Noch einmal an den Jungen aus meiner Grundschulklasse denken, der mir lachend und gehässig „Fettbacke" hinterherschrie und dann nie wieder. Noch einmal das Gefühl des Mädchens erleben, dass von einem Mann mit Alkoholfahne behandelt wurde, wie niemand behandelt werden sollte, noch einmal die Hände überall, noch einmal den Schmerz der Schläge und die tiefe Angst, Ohnmacht und Traurigkeit, dieses verstörende „Was ist denn falsch mit mir", noch einmal Scham- und Schuldgefühle – und dann nie wieder. Nie wieder die Erinnerung an den Mann am Hauptbahnhof, der immer zudringlicher wurde, mir seine Telefonnummer aufdrängen wollte, meine Hilfe suchenden Blicke ohne Reaktionen, die Flucht ins nächste Café, auf die Toilette – und das Hoffen, dass er nicht mehr da sein wird, wenn ich wiederkomme. Nie wieder die Erinnerung an die Male, wo mein schwuler Freund in Diskos als Alibi-Freund herhalten musste, um in Ruhe gelassen zu werden. Nie wieder die Erinnerung an zerstörerische Elternbotschaften: „Das schaffst du nicht! Das hätte besser sein können! Halt den Mund!" Nie wieder diese in die Dunkelheit ziehenden Todesbotschaften und Vertrauen zersplitternden Erinnerungsbomben,

22 Diesen selbst geschriebenen Text trug ich im Rahmen eines nichtkirchlichen Poetry-Slams vor. Im Laufe des Abends sprach ich danach mit sechs Betroffenen, die kurz ihre Geschichte erzählten und denen es guttat, dass es Raum für dieses Thema gab.

die nicht in der Vergangenheit bleiben, zugeschüttet und verstaubt auf der Müllhalde des Vergessens, sondern die Gegenwart plötzlich ganz unter ihre Kontrolle bringen, die all das auszulöschen scheinen, was gerade noch gut war, und ersetzen mit der Ohnmacht, Angst und Betäubung der Vergangenheit. Das Damals wird zum Jetzt, der Körper reagiert wie das kleine ohnmächtige Mädchen und will nur noch wegrennen, sich vor Angst verkriechen, einfach nur nicht sein, starr hält sie aus – ihre Seele ist schon längst emigriert, in ein fernes Land, in dem nichts gefühlt wird.

Nie wieder diese Erinnerungsfetzen, die einem strahlenden Heute jede Wärme entziehen und auch die Zukunft frösteln lassen. Verführerisch der Gedanke, all das so einfach hinter mir zu lassen. Doch das Ganze hat einen Haken – die erlernten Folgen, die würden bleiben: Dass der Geruch von Jägermeister in mir Fluchttendenzen auslöst, mich Bewertungssituationen in panische Prüfungsangst katapultieren und meine Ohren unglaublich hellhörig sind, wenn sich jemand nähert, da würde die Vergangenheit weiter ihren Platz in der Gegenwart besetzen. Wahrscheinlich wäre es sogar noch schwieriger zu ertragen, unter Folgen zu leiden, von denen ich keine Ahnung habe, was der Auslöser war. Aber wenn das ginge, auch die Folgen auszulöschen?

Wer wäre ich denn dann? Würde ich mich überhaupt noch kennen, mich auskennen im Leben? Ohne all das Negative wäre ich mir doch wahrscheinlich fremd – ich kenne mich mit meiner Angst, nicht als selbstbewusste Frau, ich kenne mich mit meiner Vorsicht im Vertrauen und nicht mit unbeschwerter Kontaktaufnahme. Egal, wie mein Leben bisher aussah – in meinem Leben bin ich immerhin Expertin und habe die unterschiedlichen Länder erforscht, manches ist geliebte, manch anderes ungeliebte Heimat. Getilgte Erinnerungen würden meine Landschaft nicht nur verändern, sie würde mir fremd werden. Verloren wäre ich wahrscheinlich erst einmal, Zaungast im eigenen Leben, Fremder im eigenen Zuhause. Obdachlos in meiner Seele.

There is a crack, a crack in everything, that's how the light gets in. Ja, ich möchte lieber mit Leonard Cohen statt mit Proteinhemmern versuchen, mein Leben durch die Abgründe zu lenken. Da sind Risse in meinem Leben, manche kaum zu erkennen, andere öffnen sich zu dunklen Schluchten. Da ist einiges zu Bruch gegangen im Laufe der

Jahre. Unbeschädigt bin ich nicht geblieben. Meine Seelenlandschaft zeigt ihr ganz eigenes Muster aus Gipfelmomenten, zerstörtem Wald, erfrischenden Quellen und vertrockneter Wüste. Es bräuchte ziemlich viele Filter, damit sie es in die Werbung für mögliche Urlaubsorte schaffen würde. Aber es ist meine Landschaft, die mich bis zum Heute geführt hat.

There is a crack, a crack in everything, that's how the light gets in. Lieber als Proteinhemmer nehmen, möchte ich den Kintsugi-Filter über mein Leben legen und wie die Japaner Risse in beschädigtem Porzellan mit Gold auffüllen, auch meine Lebensrisse leuchten lassen. Ohne die Erfahrungen von Gewalt würde ich heute nicht so sehr dafür sorgen können, anderen einen gewaltfreien Raum zu öffnen. Ohne meine Ängste wüsste ich nicht, was es bedeutet, stolz sein zu können, mich nicht zu verkriechen. Ohne die vielen „Du bist nicht gewollt"-Botschaften hätte ich wohl keine Ahnung, dass es einen Willen zu meinem Leben gibt, der nicht abhängig ist von anderen Menschen. Ohne die Einsamkeit könnte ich mich nicht so sehr an Beziehungen freuen. Ohne das Leid wäre die Freude selbstverständlich und würde ihren Glanz verlieren … ja, ohne all die *cracks* in meinem Leben wäre kein Platz für all die *lights*, die andere in mir entzündet haben.

There is a crack, a crack in everything, that's how the light gets in. Lieber Gold in meine Risse streuen, als mit Proteinhemmern mir fremd werden. In dem Gold herumwandernd meine Wunden betrachten und die Stimme hören, die mir sagt: „Du musst keine andere sein, du bist gewollt, mit allem, was dazu gehört, deiner Angst, deiner Traurigkeit, deinen Sorgen. Das alles bist du, das alles ist geliebt. Du lebst! Und das lass uns feiern! Jeden Tag! Jeder Tag hat die neue Chance, der Vergangenheit zu trotzen."

That's how the light gets in!

15. Auf den Punkt gebracht: Die zehn wichtigsten Tipps für den Umgang mit Betroffenen

1. Nicht verstummen!

Schweigen, wenn sich jemand anvertraut, erhöht die schon vorhandene Scham und macht unsicher. Ein Verstummen weckt neu das Gefühl, nicht gehört zu werden. Deine Worte müssen nicht perfekt gewählt sein. Vielleicht zeigen sie, dass du überfordert bist. Das macht nichts! Überfordert sein macht deutlich, wie schlimm das Geschehene ist. Hab also keine Angst vor stammelnden Worten. Eine Formulierung, wenn du nicht weißt, was du sagen sollst: „Ich danke dir für dein Vertrauen. Gerade bin ich wirklich überfordert, was ich sagen soll. Ich bin sprachlos. Was würde dir jetzt helfen?"

2. Das Unrecht benennen!

Betroffenen tut es gut, wenn immer wieder benannt wird, dass das, was geschehen ist, Unrecht ist. Der Täter hat alles getan, um glaubhaft zu machen, dass er im Recht ist. Betroffene haben es lange nicht wagen können, eine andere Sicht zu entwickeln. Oft haben sie die Schuld bei sich gesucht. So hilft es, immer wieder zu hören, dass falsch ist, was der andere mit ihnen gemacht hat. Geht es um strafbare Taten, dann sollte genau das auch gesagt werden. Klare Worte helfen im Benennen. Besonders medizinisch-biologische Begriffe helfen, da sie einen spürbaren Unterschied zu einvernehmlicher Sexualität deutlich machen können, also nicht: „Er hat mit dir geschlafen", sondern: „Er hat dich vergewaltigt". Gleichzeitig solltest du vermeiden, vor lauter Schrecken in Panik zu verfallen. Die Atmosphäre sollte nicht so kippen, dass die Betroffene das Gefühl bekommt, ihr Erzählen abschwächen zu müssen oder dich trösten zu müssen.

3. Helfen, das Stresslevel zu senken und Sicherheit geben

Betroffene stehen unter einem erhöhten Stresslevel. Sie sind in Alarmbereitschaft, um neue Verletzungen zu verhindern. Ein diffuses Gefühl von Bedrohung schwebt im Hintergrund. Stress kann abgebaut werden, wenn Sicherheit gegeben wird, zum Beispiel dadurch, dass du zurückmeldest, wie die Erzählung bei dir ankommt. Außerhalb des Erzählens gibt alles Sicherheit, wo ein Entscheidungsraum aufgezeigt wird. Kann der andere sich vor Situationen schützen, die sich für ihn bedrohlich anfühlen? Ebenso hilft alles, was dazu beiträgt, im Hier und Jetzt zu sein.

4. Grenzen achten und keine unnötigen Hierarchien aufbauen!
Betroffene haben es erlebt, dass ihre Grenzen keine Rolle spielten. Man fragte sie gar nicht danach, interessierte sich nicht dafür, sondern nahm sich, was man wollte. Das Subjekt wurde zum Objekt der (Macht)gelüste des Täters. So tut es Betroffenen gut, wenn du ihre Grenzen achtest und auch aktiv erfragst. Baue keine unnötigen Hierarchien auf und wenn Hierarchien da sind, dann gehe transparent mit ihnen um. Versuche nicht zu überreden, sondern respektiere ein „Nein". Und hole aktiv die Meinung des anderen ein – ihm tut es gut zu erfahren, dass seine Einstellung sein darf und Konsequenzen hat.

5. Eigene Erfahrungen mit Abgründen dazulegen!
Betroffenen tut es gut, wenn Räume eröffnet werden, wo Leidvolles einen Platz hat. In unserer Gesellschaft tauschen wir eher Erfolgsgeschichten aus oder beschweren uns über andere oder momentane Lebensumstände. Selten vertrauen wir uns das an, worunter wir leiden, weil eine große Scham da ist, Nichtgelingen zuzugeben, ebenso wie eine Angst vor erneuten Verwundungen. Und doch tut es uns gut, wenn auch das Leiden einen Raum hat. Dann spüren wir, dass wir mit allem angenommen sind, was uns ausmacht. Für Betroffene ist es eine Einladung, die eigenen Abgründe zu erwähnen, wenn sie Menschen erleben, die sich davor nicht verstecken.

6. Der Betroffene ist mehr als der Missbrauch!
Der Missbrauch ist nur ein Aspekt der Persönlichkeit des anderen. Natürlich hat er sehr geprägt und beeinflusst vieles. Und doch ist da viel mehr: Fähigkeiten, Interessen, Lebenseinstellungen, die die Person unverwechselbar machen. Manchmal vergessen Betroffene und Außenstehende das, weil sich der Missbrauch durch alles hindurch-

zieht. Aber es tut allen gut, die ganze Person zu entdecken. Hier wird wertgeschätzt, welche Kraft und welche Fähigkeiten im Betroffenen da sind, und Ressourcen, um die Abgründe zu überleben, werden gehoben. Es ist schön, gemeinsam auch Stärken und Momente des Wohlgefühls in den Mittelpunkt zu stellen.

7. Mündigkeit der Betroffenen!
Es tut Betroffenen gut, Menschen an ihrer Seite zu haben, die sich der Verwundungen Betroffener bewusst sind und zeigen, dass sie es gut mit ihnen meinen. Doch du hast nicht die Verantwortung, die Verwundungen zu heilen. Das musst du nicht und das kannst du auch nicht! Ebenso kannst du nicht alles vermeiden, was Betroffene triggern kann. Du kannst nicht wissen, welche Situation schwierig für sie sein kann. Das ist und bleibt die Verantwortung der Betroffenen. Es ist ihre Aufgabe, dir zu sagen, wenn etwas nicht guttut – du kannst es nicht vorauseilend erfüllen. Und das ist auch wichtig, damit es eine Beziehung auf Augenhöhe bleibt, in der Betroffene mündig agieren können. Was du tun kannst, ist, sie zu ermutigen, ihre Verantwortung wahrzunehmen: „Ich kann nicht wissen, was dir schwerfällt – das musst du mir sagen."

8. Fürs Vertrauen bedanken!
Ein solches Vertrauen neu zu fassen, das es möglich macht, von dem Vertrauensbruch zu berichten, ist ein großes Wagnis. Meist braucht es sieben Versuche, bis man gehört wird. Da ist eine große Angst, dass einem nicht geglaubt wird oder der andere einem eine Mitschuld gibt. Wenn sich jemand herauswagt, verdient das größte Wertschätzung – und Dank für den Mut. Der Schritt heraus aus dem Schweigen ist – auch wenn es sich aufgrund der Angst nicht so anfühlt – einer, der gefeiert werden sollte.

9. Auf Hilfsangebote hinweisen oder gemeinsam suchen!
Hilfe in Anspruch nehmen, zum Beispiel eine Psychotherapie, ist nach wie vor gesellschaftlich ein Tabu. Hier tut es gut, ermutigt zu werden: „Deine Seele ist tief verletzt worden. Hättest du ein gebrochenes Bein, würdest du auch zum Arzt gehen. Warum nicht bei einer gebrochenen Seele?" Es zeugt von Stärke, sich mit dem schlimmen Erleben noch

einmal auseinanderzusetzen. Manchmal geht es auch darum, dass Betroffene nach einer Offenlegung an entsprechenden Stellen, zum Beispiel beim Bistum, suchen. Da kann es guttun, gemeinsam die Adresse herauszufinden.

10. Wieder Alltag werden lassen!

In Begegnungen, wo es um den Missbrauch geht, tut es gut, dass es irgendwann auch wieder Alltag wird. Es ist wichtig, die Vergangenheit wieder hinter sich zu lassen und ganz im Hier und Jetzt anzukommen. „Sollen wir noch ein Eis essen gehen?“ Oder auch: „Was machst du, was dir guttut, wenn du jetzt nach Hause gehst?“, können Hilfen sein, um nicht unnötig in den Erinnerungen zu bleiben.

Hilfestellen für Betroffene und weiterführende Literatur für Helfende

Die folgende Auswahl möglicher Hilfe- und Informationsstellen ist keineswegs vollständig: glücklicherweise ist hier in den letzten Jahren viel geschehen! Die erwähnten Angebote versuchen ein Spektrum an unterschiedlichen Situationen abzudecken, so zum Beispiel Alter und Geschlecht der Betroffenen, kirchlicher oder nicht-kirchlicher Raum und anonym oder mit Wunsch nach Aufarbeitung und Anzeige.

Hilfestellen

Anlaufstelle für betroffene Frauen im kirchlichen Bereich in Trägerschaft der Deutschen Bischofskonferenz und der Arbeitsstelle für Frauenseelsorge: kostenlose und anonyme Beratung bei geistlichem und sexuellem Missbrauch: www.gegenGewalt-anFrauen-inKirche.de
Unabhängige Anlaufstelle für Betroffene sexualisierter Gewalt in der evangelischen Kirche und der Diakonie: www.anlaufstelle.help
Hilfetelefon Gewalt gegen Frauen, rund um die Uhr erreichbar: 0800/116016 und www.hilfetelefon.de
Hilfeportal sexueller Missbrauch: www.hilfeportal-missbrauch.de
Ökumenische Initiative zu Glaube nach Gewalterfahrung zur Begleitung und Vernetzungen von Betroffenen, mit zahlreichen Informationen auch zur Frage nach Glaube nach Missbrauch und der Möglichkeit anonymer Vernetzung: www.gottes-suche.de
Telefonseelsorge: 0800/1110111 und 0800/1110222 und www.telefonseelsorge.de
Berta: Anlaufstelle für Betroffene organisierter sexueller und ritueller Gewalt: 0800/3050750
Betroffenenbeirat der Deutschen Bischofskonferenz: www.dbk.de/themen/sexualisierte-gewalt-und-praevention/informationen-fuer-betroffene/betroffenenbeirat

Die Homepages der jeweiligen Diözesen halten auch Informationen für Betroffene bereit.
Auf der Homepage des Bundesministeriums für Familie, Senioren, Frauen und Jugend findet sich ebenfalls eine gute Übersicht: https://www.bmfsfj.de/bmfsfj/themen/kinder-und-jugend/kinder-und-jugendschutz/schutz-vor-sexualisierter-gewalt/hilfs-und-beratungs angebote/hilfs-und-beratungsangebote-fuer-betroffene-angehoerige-und-fachkraefte-127338
Zusammenstellung von Hilfsangeboten für Männer: https://www.maennergewaltschutz.de/beratungsangebote/hotlines-hilfeportale/

Informationen und weiterführende Literatur

Haslbeck, Barbara u. a.: Erzählen als Widerstand: Berichte über spirituellen und sexuellen Missbrauch an erwachsenen Frauen in der katholischen Kirche, Aschendorff, Münster, 2021.
Katholisches Bibelwerk e. V. (Hrsg.): Sexualisierte Gewalt in und mit der Bibel. Bibel und Kirche 1/2023, Stuttgart.
Levine, Peter: Trauma und Gedächtnis, Kösel, München, 2016.
Stahl, Andreas: Traumasensible Seelsorge. Grundlinien für die Arbeit mit Gewaltbetroffenen, Kohlhammer, Stuttgart, 2019.
Unabhängige Beauftragte für Fragen des sexuellen Kindesmissbrauchs der Bundesregierung: https://beauftragte-missbrauch.de/
Van der Kolk, Bessel: Verkörperter Schrecken, G. P. Probst, Lichtenau/Westfalen, 2015.
Auf der Homepage von Gottes-Suche.de gibt es eine umfangreiche Literaturzusammenstellung: https://www.gottes-suche.de/glaube-nach-gewalterfahrung/literatur/, Datum des letzten Abrufs: 29.11. 2023.

Über die Autorin

Sr. Marie-Pasquale Reuver hat Theologie studiert, ist ausgebildete Pastoralreferentin sowie Logotherapeutin. Die Franziskanerin von Siessen arbeitet derzeit als Hochschulseelsorgerin der ÖHG Hohenheim und in der Pastoral an verschiedenen Einsatzorten in Stuttgart und Umgebung.